K.H. Hartmann / Martina Schmid

1941-1948

Die sieben längsten

Jahre meines Lebens

K.H. Hartmann / Martina Schmid

1941-1948

Die sieben längsten

Jahre meines Lebens

Ein Zeitzeugenbericht

1. Auflage /September 2015

© 2015 K-H. Hartmann / Martina Schmid

Lernzeit Publishing, Sudetenstr. 30, 93073 Neutraubling

Cover: Kathi Roestel

Lektorat: Lernzeit Publishing

Herstellung & Druck: Amazon Distribution GmbH, Leipzig

Printed in Germany

ISBN-13: 978-1517299576

ISBN-10: 1517299578

Vorwort:

Die vorliegende Erzählung beruht auf den Aufzeichnungen eines Großonkels. Die niedergeschriebenen Erinnerungen an die Zeit von 1941 -1948 haben wir beim Entrümpeln alter Sachen im Hause der Großeltern gefunden. Wir waren der Meinung, diese „Erinnerungen" dürfen nicht verloren gehen und haben sie in die nachfolgende Form gebracht. Es konnten nicht alle Schilderungen und Örtlichkeiten überprüft werden und wurden daher inhaltlich so übernommen wie vorgefunden. Die geschichtlich bekannten Personen wurden wie im Original übernommen, die anderen erwähnten Personen wurden entweder namentlich geändert oder abgekürzt, um keine Persönlichkeits- oder Datenschutzrechte zu verletzen. Wir hoffen, wir konnten den Willen des Verfassers erfüllen, damit die Geschehnisse des 2. Weltkrieges nicht in Vergessenheit geraten und Europa hoffentlich nie wieder einen solchen Krieg erleben muss.

K.H. Hartmann und Martina Schmid

Prolog:

Mein Name ist Gregor Großmann (Name geändert). Ich bin 1922 geboren, war also zu Kriegsbeginn 1939 siebzehn Jahre alt. Diese Aufzeichnungen habe ich handschriftlich circa zehn Jahre nach Kriegsende gemacht, um an die Zeit des Krieges und die Nachkriegszeit zu erinnern. Da im Laufe der Zeit einiges unleserlich geworden ist, habe ich sie für die nachfolgenden Generationen in den 80er Jahren nochmals auf der Schreibmaschine getippt und teilweise ergänzt.

Kapitel 1 „Reichsarbeitsdienst und Vorbereitung auf den Kriegseinsatz"

Im Januar 1941 wurde ich im Alter von achtzehn Jahren zum Reichsarbeitsdienst (RAD) nach Renchen in Baden zur Abteilung K/526 eingezogen. Alle jungen Deutschen, Burschen wie Mädchen, hatten in der damaligen Zeit ein halbes Jahr Reichsarbeitsdienst zu leisten. Nach der rein arbeitstechnischen Ausbildung wurden wir an den Rheinaltwassern bei Kehl zu Entwässerungsarbeiten und zur Beseitigung von Feldbefestigungen im Gebiet des damaligen Westwalles eingesetzt. Diese Arbeiten in den sumpfigen Gebieten waren schwer und nicht gerade gesundheitsfördernd. Meist standen wir im Schlamm. Das Wasser reichte oft über die Knie. Gummistiefel gab es nicht. Eine große Plage waren die Sumpfmücken, die uns sehr zu schaffen machten. Die einzigen Gegenmittel waren Feuer, Rauchen und Moskitonetze. Die letzteren wurden über den Kopf gezogen und am Hals zusammengebunden. Nach getaner Arbeit wurden wir am Abend mit Bussen in das Lager zurückgebracht, das den heimlichen Namen „Friedhofslager" trug. Der Kontakt zu der einheimischen Bevölkerung war herzlich. Es gab noch zwei weitere Arbeitsdienstlager in Renchen. Jede Abteilung hatte zudem ihre Stammwirtschaft. Unsere hieß „Zum Stehwagen". Pro Tag hatten wir die Löhnung von einer halben Reichsmark. Ein Glas Bier kostete genau so viel. Unser Wirt hatte zwei hübsche Töchter. Eine hieß Marie, sie konnte wundervoll Klavier spielen. Da ich gerne sang, hatten wir uns schnell angefreundet. Daher gab es für mich und manch anderen Kameraden ab und zu ein

Glas ohne Berechnung. Wenn das Maries Vater gewusst hätte!

Etwa ab April 1941 begann eine halbmilitärische Ausbildung. Sie war rein infanteristisch und beinhaltete die Ausbildung am und mit dem Gewehr. Die Waffen waren französische Beutegewehre von überdimensionaler Länge, so dass die Kameraden vom 4. Zug ihre liebe Not damit hatten. Im 4. Zug waren immer die Kleinsten, muss man wissen. Da die Zeit beim Reichsarbeitsdienst ein halbes Jahr dauerte hofften wir, bald entlassen zu werden. Etwa acht Tage vor Beginn des Ostfeldzuges wurde erhöhte Alarmbereitschaft ausgegeben. Alle waren zu einem Abmarsch bereit, doch niemand wusste, was in der Luft lag.

Die letzten Tage waren mit die schönsten in Renchen. Wir hatten jeden Tag Ausgang, durften uns aber aus dem Ortsbereich nicht entfernen. Jeden Abend wurde mit der einheimischen Bevölkerung Abschied gefeiert, wobei dem dortigen Volksgetränk, dem Most, reichlich zuge-sprochen wurde. Mit den Mädchen des Ortes hatte sich die eine oder andere Freundschaft ergeben, daher kam jetzt so manche traurige Abschiedsstimmung auf.

Dann war es eines Tages so weit. Mit Sang und Klang, Blumen und Begeisterung und unter den Tränen der Mädchen, ging der Marsch durch das blumengeschmückte Städtchen zum Bahnhof. Dort stand schon der Güterzug. Immer vierzig Mann bekamen einen Waggon, nur mit Stroh ausgelegt, zugewiesen. Mittlerweile waren auch die beiden Nachbarabteilungen eingetroffen. Die Arbeitsgruppe, rund sechshundert Mann stark, war nun für einen Einsatz bereit. Allerdings ahnte noch niemand von uns, wohin es ging. Gegen Mittag endlich setzte sich der Zug durch das in voller Blüte stehende Rheintal in Richtung Norden in Bewegung. Es ging nun durch ganz Westdeutschland. Ich erinnere mich an eine schöne Fahrt. In Magdeburg wurden uns einige Waggons mit Fahrrädern angehängt. So wurden wir zu einer schnellen Abteilung des Reichsarbeitsdienstes.

Das Rattern des Zuges begleitete uns nun für etwa fünf Tage. Es weckte uns am Morgen und schlummerte uns des Abends ein. Es ging nun immer weiter nach Osten. Über Breslau, das oberschlesische Industriegebiet, Oppeln-Hindenburg, usw. ...

Eines Tages rollten wir über die polnische Grenze nach Krakau, Tarnow, Jaroslau, Rawa-Ruska nach Zamosc. Dort wurden wir nahe der damaligen deutsch-russischen Demarkationslinie entladen, da die Russen weite Teile Ostpolens 1939 besetzt hatten. Wenngleich ein solcher Militärtransport oft auch schöne Stunden brachte, so waren wir dennoch froh, die Waggons nach etwa fünf Tagen verlassen zu können. Wenn ich mich heute, nach rund zehn Jahren recht entsinne, fuhren wir am Spätnachmittag mit unseren Stahlrössern gut dreißig Kilometer in nordöstliche Richtung in ein Waldlager. Auf dieser Fahrt machten wir die erste Bekanntschaft mit den Straßen des Ostens. Vielleicht war es ganz gut, dass zu diesem Zeitpunkt noch keiner ahnte, was uns in dieser Beziehung noch erwarten würde. Jedenfalls glaubten wir, einiges geleistet zu haben. Als wir an unserem Ziel ankamen, waren wir froh, unsere Glieder etwas ausstrecken zu können in unserer neuen OU (Orts- unterkunft), wie sie von nun an hieß. Diese Bezeichnung stand von nun an, neben Datum und Feldpostnummer, jahrelang als Angabe unseres Standortes auf den Briefen in die Heimat. Die Lieben zuhause

konnten so also nur Vermutungen
anstellen und nach ihren Angehörigen
irgendwo ostwärts der Weichsel suchen.
Dass etwas Großes in der Luft hing, ahnten
wir nur. Die Spannung wurde unerträglich.
Jeder sehnte den Zeitpunkt herbei, dass es
losgehen würde. In späteren Jahren aber
hatten wir das Warten gelernt.

So vergingen Tage mit Appellen und
letzten Vorbereitungen. Es wurde immer
für Bewegung gesorgt. Auch unser „Sturm-
gepäck" wurde zusammengestellt und die
Ausrüstung beinhaltete in etwa folgendes:
Stahlhelm, erdfarbene Uniform, Gasmaske,
Brotbeutel, Feldflasche, Spaten und
Gewehr. Auf dem Gepäckträger des Fahr-
rades befanden sich in einer Zeltplane die
Wäschegarnitur und das Waschzeug. Oben-
auf wurde das Kochgeschirr festgeschnallt.
So verging der einundzwanzigste Juni
1941. In der folgenden Nacht fiel die
Entscheidung...

Kapitel 2 „Der Ostfeldzug"

Am zweiundzwanzigsten Juni 1941, morgens um drei Uhr ging es los. Das „Unternehmen Barbarossa" wurde gestartet. Das deutsche Heer und die ihm angeschlossenen Verbände traten zum Marsch nach dem Osten an. Was wussten wir von diesen unendlichen Weiten? Gar nichts! Nur, dass dort die Ungewissheit auf uns wartete. Wir waren vom ersten Tage an mit dabei. In den Vormittagsstunden fügte sich unsere Kolonne auf die Vormarschstraße in den nicht abreißenden Heerwurm ein. Für uns junge Männer gab es viel zu sehen. Ein Fahrzeug reihte sich an das andere. Autos, Motorräder, Panzer, dazwischen bespannte Kolonnen. Des Weiteren Infanterie, Artillerie, Pioniere, Nachschubeinheiten. Oft waren zwei bis drei Kolonnen nebeneinander in einer Richtung. Alles lief wie am Schnürchen.

Von der Straße war nichts mehr zu sehen. Nur Staub, nochmals Staub und Schweiß. Wir beneideten die motorisierten Einheiten. Wir waren mit unseren Fahrrädern bei der marschierenden Infanterie. Am Nachmittag fuhren wir bei Wlodizmierz über die Demarkationslinie. Erste Spuren von Kämpfen waren erkennbar. Hier qualmten russische Panzer, dort standen umgestürzte Fahrzeuge. Dazwischen lagen die ersten toten, russischen Soldaten. Aber von Kilometer zu Kilometer wurde das daliegende, verlassene, russische Kriegsmaterial mehr. Gefangene marschierten ohne Bewachung zurück. Der Kampflärm war kaum zu hören. Unsere Spitzen waren weit voraus. Die Russen mussten an der Grenze sehr starke Kräfte zusammen gezogen haben, denn die Masse an Menschen und Material war ungeheuerlich.

Unsere Kolonne war weit auseinander

gezogen, die Abstände groß. Wir mussten immer weiter entlang dieser Straße nach Osten. Das Tagesziel war Luck, eine Stadt von etwa fünfzigtausend Einwohnern. Wir hatten an diesem Tag etwa einhundertdreißig Kilometer fahrend oder schiebend zurückgelegt. Am Abend fielen wir todmüde auf den Boden in einer russischen Kaserne. An Waschen oder ähnliches dachte keiner mehr. Wir brauchten nur etwas zu Trinken und hofften, dass noch genügend Zeit zum Schlafen bliebe. Viel zu schnell war der nächste Morgen angebrochen. Wir bekamen ein bisschen Kaffee und etwas zwischen die Zähne, dann fuhren wir hinunter an den Styr. Der Fluss war von unseren Truppen überwunden worden. Die Pioniere hatten bereits anstelle der gesprengten Brücke eine Pontonbrücke geschlagen. An der Brücke arbeiteten wir den ganzen nächsten Tag. An der Zufahrtsstraße wurden

Bombentrichter zugefüllt, ausgebrannte Fahrzeuge von der Fahrbahn geräumt und herunterhängende Drähte beseitigt. Die Straße musste frei sein. Tag und Nacht rollten unaufhörlich die Kolonnen vor und zurück. Der Vormarsch war ungeheuer schnell.

So vergingen einige Wochen mit Arbeiten an Straßen und Brücken. Dann hieß es immer wieder treten, treten, treten. Wir fraßen Kilometer und Staub. Am folgenden Tag wurden wir wieder bis auf die Haut von plötzlichen Wolkenbrüchen durch-nässt. Die Wege wurden dadurch teilweise zu grundlosen Schlammbahnen. Das Gefühl für Raum und Zeit ging verloren. Alles ging automatisch. Arbeiten, fahren, schlafen. Im Laufe des Monats Juli waren wir über Rowno, Ostro, Schepetowka in den Raum um Chitomir gekommen. Dort bezogen wir Ruhequartier. Anfang August

1941 kam ich wegen Ruhr in ein Lazarett in Chitomir. Mitte September war Kiew gefallen. Bis Anfang Oktober lag ich im Lazarett.

Nach meiner Genesung kam ich über die Frontleitstellen in Chitomir und Kiew auf langen Umwegen im November 1941 zur Ersatzabteilung nach Bad Schwalbach bei Wiesbaden. Zuvor hatte ich einen Abstecher zu unserem früheren Standort Renchen gemacht. Dort habe ich ein paar schöne Tage mit Bekannten verbracht. Unsere Abteilung war in der Zwischenzeit im Rahmen der Panzergruppe Kleist über Uman-Krementschug in den Süden von Russland gekommen.

Der katastrophale, russische Winter 1941/1942 war herein gebrochen. Er brachte über die Soldaten sehr viel Leid, Not und Elend.

Ende Dezember 1941 wurde ich aus

dem Reichsarbeitsdienst entlassen. Das Weihnachtsfest 1941 sollte nun für sechs Jahre das letzte im Kreise meiner Eltern sein. Für Januar 1942 erhielt ich den Gestellungsbefehl nach Berlin zur 2. Ersatz-Kompanie der Leibstandarte SS Adolf Hitler 1. Somit begann ein vollkommen neuer Abschnitt während meiner Militärzeit.

Kapitel 3 „Allgemeines über die Zeit und Armee"

Bevor ich mit den einzelnen Erlebnissen der kommenden Jahre beginne, will ich einige wichtige Punkte unseres damaligen Denkens und Fühlens niederschreiben. Wir waren im Laufe unserer Jugend im Geiste des damaligen Regimes erzogen worden und aufgewachsen. Darauf gründete sich auch unsere vaterländische Einstellung. Wir kamen als Freiwillige zu unserer Einheit, die uns bald zu einem Stück Heimat wurde. Das ging in den späteren Jahren schon daraus hervor, dass jeder nach Möglichkeit versuchte, nach einer Verwundung zum „alten Haufen" zurück zu kommen. Daraus ergab sich zwangsläufig, dass es in jeder Einheit einen Stamm von „alten Hasen" gab, die unverwüstlich waren. Wir waren alle gesund, groß gewachsen und eine Auslese der Jugend, das stand fest. Daher hatten wir auch den Ruf einer Elite-Truppe, der uns bei den ehemaligen Gegnern nachgesagt wurde. Einen Großteil der jungen Leute zog es aus diesem Grund immer wieder zu uns. Man darf auch nicht vergessen, dass fast eine halbe Million europäischer Freiwilliger, darunter Finnen, Dänen, Norweger, Niederländer, Franzosen, Flamen, Wallonen und andere Nationalitäten, in den Reihen der Waffen-SS dienten. Voraussetzung für eine derartige Truppe war jedoch die harte Ausbildung. Aber das wussten wir zuvor schon. Während des ganzen Krieges wurden wir von unseren Kameraden der anderen Wehrmachtsteile, aber auch von den Gegnern als hervorragende Truppe anerkannt. Das, was uns an Grausamkeiten nach dem Kriege nachgesagt wurde, trifft in den allerwenigsten Fällen zu. Feinde hatten wir nicht nur bei den ehemaligen Gegnern. Auch innerhalb des eigenen

Landes gab es Kreise, die glaubten, uns als ehemalige Soldaten schlecht machen zu müssen. Wir verwehren uns heute wie damals dagegen. Wir taten unsere Pflicht wie jeder andere Soldat. Unser Wahlspruch hieß: „Meine Ehre heißt Treue!". Daran hielten wir uns während der Kampfjahre im Feld und in der großen Leidenszeit in den Gefangenen- und Internierungslagern, in Zuchthäusern und Gefängnissen. Wir blieben Treu gegen uns selbst.

Kapitel 4 „Dienstantritt in Berlin"

Die Januartage 1942 waren sehr kalt. Auch
in Berlin-Lichterfelde. Dort in der alten
Kadettenanstalt war die Stammkaserne der
Leibstandarte SS Adolf Hitler. Wir zogen
als junge Rekruten des Soldatentums ein.
Ich glaubte, meinen anderen Kameraden
gegenüber aufgrund meiner zeitweiligen
Arbeitsdienstzeit in Russland, an Erfahrung reicher zu sein. Doch in dieser Hinsicht wurde ich enttäuscht, obwohl mir
manches dennoch leichter fiel. Besonders
unangenehm erschien mir in der ersten
Zeit, dass ich außer einem Münchener und
einem Wiener der einzige süddeutsche
Mann war. Alle anderen stammten aus
dem Rheinland, Pommern oder Mecklen-
burg und in großem Maße auch aus Ostpreußen. Doch die anfänglichen Be-
fürchtungen schlugen besonders während
des Einsatzes in eine ganz andere

Richtung um.

Die ersten Tage waren mit Stubenein-
teilung, Bekleidungs- und Waffenempfang
und vielen anderen organisatorischen
Dingen ausgefüllt. In den folgenden
Wochen jagte ein Dienst oder Appell den
anderen. Das Hauptgewicht lag in der
Ausbildung an den Infanteriewaffen. Mit
dem Schießstand in Dahlem, dem Gelände
in Zossen, Nauen und Heinersdorf entwickelte sich das beste Einvernehmen.
Diese Namen erinnern mich an gute, aber
auch schlechte Stunden. Denn wie schon
erwähnt, wurde keine Weichheit geduldet.
Es galt der Wahlspruch: „Gelobt sei, was
hart macht!". Unter diesem Motto stand
unsere Ausbildung. Ob im Innen- oder
Außendienst. Wie oft verfluchten wir
diesen Satz und verwünschten unsere Ausbilder. Doch in der späteren, harten Zeit
des Kriegseinsatzes änderte sich diese Ansicht schnell.

So machten wir bis Anfang April 1942 unseren Dienst Tag für Tag und auch manche Nacht. Von Berlin selbst sahen wir herzlich wenig, denn Ausgang war ein fast unbekannter Begriff. Im April 1942 ging es dann zum Truppenübungsplatz Sennelager bei Paderborn in Westfalen. Dort wurde das dritte Bataillon aufgestellt. Unser Kommandeur war Sturmbannführer Wilhelm W., Kompaniechef Obersturmführer Jürgen S. . Mein Zugführer war Untersturmführer Walter H., Gruppenführer der Unterscharführer Emil B. .

Ein alter Soldatenspruch, gemünzt auf Sennelager, hieß: „In seinem Zorn schuf der liebe Gott die Senne bei Paderborn". Jeder, der die Senne kennengelernt hat, wird zugeben, dass dieser Satz den Nagel auf den Kopf trifft. Wenn es sonst dort nichts gab, eines war in reichhaltigem

Ausmaß vorhanden: Sand, Sand und
nochmals Sand. Mit ihm quälten wir uns
überall herum. Ob auf der Stube, in den
Stiefeln oder in den Waffen. Besonders das
Letztere war es, das uns in Fleisch und Blut
überging: Die Waffe musste zu jeder Zeit
und bei jeder Witterung schussbereit sein.
Ich war damals MG-Schütze I. Die beiden
Maschinengewehre (34er) bedeuteten die
Hauptfeuerkraft in der Gruppe. Man legte
bei der Ausbildung auch besonderen Wert
auf das Zusammenleben und das Gemein-
schaftsgefühl sowie die Kameradschaft in
der Gruppe. Sie ist die Zelle der Kompanie
im Kampf. Von ihr hängt der Ausgang
eines Gefechtes ab.

So wurden wir zu einer festen Gemein-
schaft zusammengeschweißt. Das Gelände
war der Amboss, wir das Eisen und der
Gruppenführer der Schmiedehammer.

Die Monate April bis Juni 1942 vergingen bei harter Ausbildung, bis wir im Juni verladen wurden und an den Südabschnitt der Ostfront rollten. Dort wurden wir in den Divisionsverband als kampfstarkes, neues Bataillon eingereiht. Wir waren nun die 12. Kompanie III. Bataillon 1. Regiment Leibstandarte SS Adolf Hitler, Feldpostnummer 09842-C. Zu einem richtigen Einsatz kam es damals nicht mehr. Wir gewöhnten uns an die Landesverhältnisse einschließlich der Läuse. Mit der Bevölkerung hatten wir ein gutes Verhältnis.

Kapitel 5 „Verlegung nach Frankreich"

Anfang August 1942 wurde unsere Division zur Auffrischung und Umrüstung zu einer Panzerdivision nach Frankreich verlegt. Im vergangenen Jahr seit Beginn des Ostfeldzuges hatte die Leibstandarte Adolf Hitler bei ihren Einsätzen, meist an den Brennpunkten, starke Verluste erlitten. Der Transport durch Deutschland nach Frankreich war eine angenehme Abwechslung. Acht Tage sangen die Räder des Zuges ihr monotones Lied. Das Wetter meinte es ebenfalls gut. Aus diesem Grund ließ sich mancher Kamerad die Sonne gehörig auf den Bauch brennen und es soll sogar vorgekommen sein, dass bei einem die Linsen und der Speck im Magen wieder zu kochen anfingen…

Die 13. Kompanie unter Obersturmführer

U. hatte damals „den Bock" abgeschossen und im Bataillon wurde noch lange so mancher Witz darüber gemacht. In der 13. glaubte man, sich gegen die „Malinki-Partisani" (Läuse) schützen zu können, indem man sich eine Glatze schneiden ließ. Nicht lange nachdem bei der Kompanie U. „der Mond" aufgegangen war, wurden wir abberufen und rollten nach dem Westen. Die Folge war, dass diese kahlköpfigen Kameraden in den ersten Wochen wenig Freude am Ausgang hatten. Es wäre zudem auch für die Mademoiselles ein wenig erfreulicher Anblick gewesen.

In der Nähe von Paris war unsere Reise zu Ende. Der Name des Ortes ist mir nach den Jahren entfallen, ich glaube, er hieß Melun. Jedenfalls war unser Divisioner Sepp D., genannt „unser Sepp", kürzlich General geworden und so kamen wir Anfang August 1942 anlässlich einer motorisierten

Parade nach Paris. Gesehen habe ich nicht viel davon. Es war auch mein einziger Aufenthalt in dieser herrlichen Stadt an der Seine. Anschließend fuhren wir im motorisierten Marsch in die Normandie mit ihren endlosen weiten, flachen Viehweiden weiter. Diese wurden nur durch Hecken teilweise unterbrochen. Für einige Wochen bezogen wir in einem wunderbaren, alten Schloss Quartier, welches „Montigny" hieß. Es war uns jedoch untersagt, im Schlosspark zu promenieren. Schonung und Rücksicht waren angemahnt. Doch es gefiel uns dort gut. Schnell hatten wir uns auch an das Landesgetränk, den Aperitif, gewöhnt.

In diese Zeit fiel die Landung der Engländer bei Dieppe. Wir hatten zwar Alarm, jedoch umsonst. Wir wechselten nur den Standort. Unser Bataillon wurde nach Falaise bei Can verlegt. Dort lagen wir bis

Januar 1943. In dieser Gegend wurden wir auf Vordermann gebracht, denn nach Ansicht unserer Vorgesetzten war noch nicht alles so, wie es sein sollte. Auch durfte aufgrund von immer neuen Erfahrungen im Osten kein Stillstand in der Gefechtsausbildung eintreten.

Neben dem Dienst gab es aber auch fröhliche Stunden. So mancher bunte Abend mit der französischen Bevölkerung brachte Abwechslung. Unser Spieß scheute keine Mühen, dass alles richtig ablief und unser Schreiber, Helmut P., hatte während dieser Zeit seine Großkampftage. Hätte es dafür die Nahkampfspange gegeben, er hätte sie sicher in Gold erhalten.

Damals wurden auch die so genannten „Gastage" eingeführt. Das bedeutete, man musste ganze vierundzwanzig Stunden unter der Maske verharren. Sie durfte nur zum Waschen und Essen kurzzeitig abgenommen werden. Am Ende eines dieser

Tage sah jeder wie ein Kaminkehrer aus,
denn der Kohlestaub im Filter hatte sich in
einer ordentlichen Schicht über das ganze
Gesicht verteilt.

Eines Tages im Dezember erhielten wir
Winterbekleidung und die Franzosen
glaubten, bei einem abgehaltenen Appell
Geister zu sehen. Wir selbst konnten es
vor Wärme in den Klamotten kaum aus-
halten. Pelze mit Kapuzen, Filzstiefel,
Kopfschützer, Schneehemden. Später allerdings im russischen Winter hatten wir
unsere Ansicht darüber schnell geändert.
Wir hatten tatsächlich unsere liebe Not, die
Kleidungsstücke in einer Ecke unserer
Fahrzeuge unterzubringen. Aber was
schaffte ein Soldat nicht alles? Der Kampf
um Stalingrad hatte sich zu einer Kata-
strophe entwickelt und das bedeutete für
uns: Ab in den Osten! Die Russen waren
nach der Einkesselung von Stalingrad auf

breiter Front durchgebrochen und so zeigten wir dem ruhigen Westen den Rücken. Wir verluden in der Gegend von Rouen und rollten in Eiltransporten nach Osten. Dort brannte es und die Feuerwehr rollte.

Kapitel 6 „Zurück an die Ostfront"

Quer durch Deutschland führte der Transport in Richtung Ostpreußen durch Polen und Weißrussland über Sumny nach Achtyrka, nordwestlich von Charkow. Dort wurde unser Regiment, ein Transport nach dem anderen, entladen. Sofort ging es im motorisierten Marsch weiter in Richtung Charkow. Woronesch war inzwischen verloren. Die sechste Armee unter Feldmarschall Paulus hatte in Stalingrad kapituliert. Isjun und Kursk waren von den Russen eingenommen. Auf den wenigen vereisten und tiefschneeverwehten Wegen herrschte bei eisiger Kälte ein heilloses Durcheinander. Unsere Fahrer hatten Mühe, vorwärts zu kommen. Die Italiener, Ungarn und Rumänen verloren nun den Kopf. Sie versperrten die Straßen und warfen ihre Waffen weg. Ihr einziger Gedanke war: Zurück! Nach großen

Schwierigkeiten kamen wir am zehnten Februar 1943 nach Charkow. Unser Bataillon wurde sofort in das bekannte Traktorenwerk verlegt. Von dort ging unsere Kompanie in der folgenden Nacht zuerst in der Ortschaft Rogan, später am Flugplatz in Stellung. Mein Zug hatte wenig Zeit, sich in den Nachtstunden zur Verteidigung einzurichten. Die Feindlage war unklar. Spähtrupps stellten fest, dass der Gegner kurz vor uns liegen und sehr stark sein musste. Am Ortsrand setzten wir uns in Häusern fest. Es war eisig kalt. Jeder versuchte, seine Glieder in Bewegung zu halten. Bei jedem Schritt knirschte der Schnee. Ich lag mit meinem Schützen II in einer Fensterhöhle. Abwechselnd beobachteten wir das Gelände. An einer der Hausecke hatte sich der österreichische Schütze Pepi P. verschanzt. Beim ersten Morgengrauen hörte man, dass sich etwas tat. Das Unglaubliche begann. „Iwan" schoss zuerst mit seinen überschweren Granatwerfern, danach mit der Ratsch-Bum. Gegen sechs Uhr griffen die Russen mit der Infanterie an. Wir hielten mit dem MG 42 dazwischen. Die einzelnen Gestalten in ihren Schneehemden konnte man nur undeutlich erkennen. Die Spannung legte sich. Angst und Kälte waren vergessen. „Wenn nur keine Ladehemmung auftritt und die Munition reicht", sagte Philipp zu mir. Das waren seine letzten Worte. Kurz darauf fiel er durch einen Herzschuss. Ich konnte ihm noch die Erkennungsmarke abbrechen. Ich glaube, er war der erste Tote in der Kompanie. So ging es stundenlang von Haus zu Haus. Wir mussten uns absetzen. Pepi P. hatte einen Handdurchschuss. Es ging abwärts. Die Ausfälle an diesem Tag in unserem Zug waren hoch. Ungefähr dreißig Prozent. Die Übermacht von „Iwan" war stark. Bei einer Absetzbewegung traf mich durch den nahen Einschlag einer Ratsch-Bum ein kleiner Splitter über dem rechten Auge. Durch den Luftdruck und das Pulvergas erblindete ich vorübergehend. Ein Panzerjäger brachte mich und andere Verwundete ein Stück weit nach hinten. Nach drei Tagen kam ich vom HVP (Hauptversammlungsplatz) wieder zurück zur Kompanie. Die Tage waren schwer und verlustreich für unser Regiment. Inzwischen war die Front am Bahndamm, nordostwärts des Traktorenwerkes, zurückgenommen worden. Für jeden, der dabei war, war das ein Begriff. Denn hier war die letzte Verteidigungslinie vor Charkow. Jeder Ostfrontkämpfer weiß, wie diese ausgesehen haben. Alle fünfzig oder hundert Meter kam ein Schneeloch. Darin befand sich Unzertrennliches: Maschinengewehr, Handgranaten, Munition und Eis, Kälte und Hunger. Aber man schoss, fror und schoss wieder. Die Hülsen bedeckten den Boden.

Zischend fuhr der fast glühende Lauf des Maschinengewehrs beim Wechsel in den Schnee. Schnell den Reservelauf rein und schon ratterte es weiter. Die Soldaten merkten nicht, wenn die Haut an den Metallteilen der Waffen hängen blieb. Der reine Selbsterhaltungstrieb ließ sie weiter machen. Immer neue Wellen kamen an. Immer mehr der armen Burschen von drüben blieben im Vorfeld liegen. Aber sie kamen auf dem T34 sitzend, den gefürchteten Panzern der Russen. Unser Rufen ging dabei aber im Lärm unter. Doch die Kumpels von der PAK (Panzerabwehrkanone) machten auch diesen Kolossen die Hölle heiß.

In den Tagen nach der Verwundung war ich beim Tross, zwei Kilometer zurück im Traktorenwerk. Auch hier dachte keiner an Ruhe. Spieß, Schreiber, Kraftfahrer und Leichtverwundete waren ständig am Gurten der Gewehrmunition. Die Krad-

Melder brachten diese in kühnen Fahrten an die einzelnen Schützenlöcher. Wo sie nicht weiter kamen, schleppten sie sich mit drei oder vier vollen Munitionskästen zu den Kameraden und nahmen am Rückweg Verwundete mit. Wir waren nur noch Menschen, die auf Befehl reagierten, wie wenn bei einer Maschine der Knopf gedrückt wurde.

Der fünfzehnte Februar 1943 brachte uns allmählich an das Ende der Widerstandskraft. Die Übermacht des Gegners war immer größer geworden. Es wurde bereits in den Straßen von Charkow gekämpft. Der Überblick ging allmählich verloren. Laut oberstem Befehl sollte die Stadt gehalten werden. Doch der Kommandeur des SS-Panzer-Corps, Obergruppenführer Hauser, gab den Befehl zum Ausbruch. Dadurch konnten viele Leben und wertvolles Material vor der Vernichtung gerettet werden.

In der Nacht vom fünfzehnten auf sechzehnten Februar verließen wir auf einer der letzten Straßen die Stadt. In den Seitengassen hielten Sturmgeschütze die nachdrängenden Russen auf. Wir verließen Charkow in Richtung Poltawa. Diejenigen, die den Anschluss verpassten, gerieten in Gefangenschaft, welche jedoch nur die wenigsten überlebten. Einige Soldaten konnten sich aber einzeln durchschlagen. In jener Nacht fiel durch einen Pakttreffer unser Kompanieführer Untersturmführer E. . Wir legten ihn hinten auf ein Fahrzeug. Am nächsten Morgen war er bereits steif. In Merefa betteten wir ihn mit vielen anderen Kameraden zur letzten Ruhe. Untersturmführer W. war mit etwa zwanzig Mann seit dieser Zeit vermisst. Wir hörten nichts mehr von all jenen. Wochen später, nach der Wiedereinnahme von Charkow, fand man einige Soldbücher von ihnen. Sofort war uns klar, dass diese Kameraden nicht

mehr am Leben waren. Untersturmführer
B. war bald in den ersten Tagen als
Kompanieführer gefallen.

Im Raum von Krassnograd kam unsere
Front wieder zum Stehen. Irgendwo in
dieser Gegend gab es ein weites Tal mit
einem kleinen Ort in seinem flachen
Grund. An seinen Hängen hatten sich die
beiden Gegner festgesetzt. Tatsächlich war
es tagelang nicht zu sagen, wer im Besitz
dieser wenigen Strohhütten war. Ihr Besitz
wäre bei dreißig Grad Kälte Goldes wert
gewesen. Wir jedenfalls mussten mit auf-
geworfenen Schneehaufen vorlieb nehmen.
In die tiefgefrorene Erde kamen wir nicht
hinein. Eine Decke oder Plane bildete das
Dach. Wenigstens etwas bei diesen Minus-
temperaturen! Der eisige Wind konnte so
etwas abgehalten werden. Etwa alle
hundert Meter befand sich ein solcher
Schneehügel. Dazwischen war ein Pack-

geschütz oder eine zwei Zentimeter auf Selbstfahrlafette (SFL). Man kannte in solchen Fällen den Ausdruck: „Das Hemd ist hinten und vorne zu kurz". Jeder Mann war kostbar. Alle waren vorne und doch waren es zu wenig. Einen Tross im üblichen Sinne gab es unter diesen Umständen kaum.

So hockten wir tagelang in unseren Eis-kellern. Abwechselnd beobachtete einer, während der andere sich die Zeit mit etwas Gymnastik vertrieb, damit unsere steifen Glieder nicht völlig einfroren. Manchmal kauten wir auch an einem gefrorenen Stück Brot und nahmen, falls vorhanden, einen Schluck Schnaps dazu. Im Großen und Ganzen war es ruhig, denn den Kameraden auf der anderen Seite war es ebenso kalt. Trotzdem war es nicht rat-sam, den Kopf zu hoch zu heben, denn Aufpasser gab es auf beiden Seiten.

Jeden Tag spielte sich das Gleiche ab und jeden Tag zur Dämmerung gegen sechzehn Uhr wiederholte sich das gleiche Spiel. Wer ein scharfes Fernglas hatte, konnte um diese Zeit beobachten, dass auch auf der anderen Seite einzelne Gestalten sichtbar wurden. Die Zeit der Bewegungsfreiheit war gekommen. Die vermummten Gestalten kamen aus ihren Schneelöchern und schlugen mit Händen und Beinen um sich. Hier rannte einer, wie vom Teufel gejagt, dort führten zwei einen Boxkampf auf. Ein nicht Eingeweihter hätte annehmen müssen, er wäre in einer Irrenanstalt. Doch es war für alle wie ein ungeschriebenes Gesetz, dass in dieser Zeit nicht geschossen wurde.

Nachts kamen per Panje-Schlitten Kaffee und Verpflegung. Von Zeit zu Zeit zischten Leuchtkugeln in den schwarzen Himmel

und in Sekunden erstarrte jede Bewegung.
Sechs Tage lagen wir hier. Später sprachen
wir nur noch von der „sechs Tage-
Stellung".

Es war wohl am vierten oder fünften Tag.
Es dämmerte. Wir verharrten in unseren
Löchern, als ein Melder kam. Der Befehl
lautete, dass sich aus jedem Schneeloch
ein Soldat beim Zugführer melden solle.
Die Wahl fiel auf mich. Nach etwa einer
Stunde waren sechs Mann versammelt.
Dieser Spähtrupp wurde ins Dorf hinunter-
geschickt, um festzustellen, ob „Iwan"
schon dort sei. Jedem war klar, was er zu
tun hatte. Gesprochen wurde nicht viel.
Nach einer Zigarette ging es mit zwanzig
Metern Abstand den Hang hinunter und in
Richtung Dorf. Auf der weißen Fläche
waren wir mit unseren grauweißen Schneehemden schlecht zu erkennen. Unter
gegenseitiger Sicherung kamen wir an die

erste Hütte. Kein Lebenszeichen. Wir durchsuchten ein Haus nach dem anderen, fanden jedoch nur einige alte Männer und Frauen darin, die uns versicherten, dass kein Russe zugegen sei. Inzwischen brach der nächste Tag an. Wir hatten noch zwei Hütten vor uns, dann war der Auftrag erfüllt. Dort fand ich mit meinen Kameraden einen Gasballon mit etwa zwanzig Liter gelblich öligem Inhalt. Klarer Fall, es war Sonnenblumenöl! Das muss mit, war unser gemeinsamer Gedanke. Im Geiste löffelten wir schon leckere, vor Öl triefende Bratkartoffeln. MP umgehängt und Ballon auf die Schultern. So trotteten wir unseren anderen Kameraden nach, die bereits den Hang in Richtung unserer Stellung hoch gezogen waren. „Iwan" war wohl auch schon wach und schickte uns „Morgengrüße". Sie hatten anscheinend festgestellt, dass wir nur langsam vorwärts kamen und es auf uns abgesehen. Den

Ballon wollten wir dennoch nicht verlieren. Wir fanden schließlich eine Vertiefung im Schnee, ein altes, zugewehtes Schützenloch, in dem wir Deckung suchten. Die Kameraden waren oberhalb bereits in ihren Schneelöchern verschwunden. Ungünstig war in dieser Situation die Sonne, die schon etwas Kraft hatte und den Schnee in unserem Loch allmählich schmelzen ließ. Einer von gegenüber musste uns scheinbar „ins Herz geschlossen" haben. In kurzen Abständen ballerte er immer wieder in unsere Richtung. Auch war im Laufe der Stunden die Nässe nun vollends durch unsere Kleidung gedrungen.

Es war dennoch klar, dass wir hier bis zur Abenddämmerung ausharren mussten. Als es dunkel war, wollten wir uns absetzen. Aber durch die zunehmende Kälte war ich in dem Loch fest gefroren. So machte sich mein Kamerad auf, um einige Kumpel zu holen. Nach kurzer Zeit hatten sie mich aus meiner gewiss nicht rosigen Lage befreit. Der Ballon ging natürlich mit uns. Mit einem Schlitten brachten sie ihn und mich zurück. Später taute ich auf einem der bekannten, russischen Familien- öfen langsam wieder auf. Gott sei Dank trug ich keine Erfrierungen davon!

In der nächsten Nacht verlegte die Kom- panie zurück in den Raum Walki. Natürlich hatten wir das Speiseöl mitgenommen und konnten uns daher eine ordentliche Portion Bratkartoffeln einverleiben, jedoch wäre uns dieser Ballon noch fast zum Ver- hängnis geworden... Aber es hatte sich gelohnt.

Einige Tage fanden wir Ruhe im neuen Bereitstellungsraum. Dann begann der Gegenangriff auf Charkow. Es war Ende Februar 1943. Unter abwechslungsreichen Kämpfen drückten wir die Russen auf

Charkow zurück. Walki, Olchany und Ljubotin fielen wieder in unsere Hände. Es ging vorwärts. Das gab uns ein gutes Gefühl. Mitte März hatten wir nach harten Straßenkämpfen Charkow eingenommen. Manchen Kameraden legten wir in russische Erde. Im Verlauf dieser Kämpfe bekam ich durch die Granatwerfersplitter an den Unterschenkeln und an der Schulter einige Kratzer ab. Ich blieb bei der Truppe. Harte Kämpfe hatten wir noch um die Stadt Belgorod, die am achtzehnten März 1943 vom SS-Panzerkorps eingenommen wurde. Nachdem dieser Frontabschnitt um Charkow wieder stabil war, wurden wir abgelöst und zogen in Dwuretschnikut ins Quartier. Die ersten Tage waren nur mit Schlafen, Essen und Waschen ausgefüllt. Mitte April 1943 bekamen wir Ersatz geschickt. Es waren meist schon lang dienende Soldaten der Luftwaffe, die aber von infanteristischer Ausbildung sehr wenig Ahnung hatten. Die Monate April und Mai waren daher mit harter Ausbildung ausgefüllt. Sowohl an den Waffen als auch im Gelände.

Bei den vorher beschriebenen Kämpfen um Charkow 1943 war es der erste geschlossene Korps-Verband der Waffen-SS unter der Führung von Obergruppenführer Hauser. Er bestand aus alt bewährten Divisionen, der SS Panzer-Division „Das Reich", der SS Panzer–Division „Totenkopf" und der SS Panzer-Division „Leibstandarte SS Adolf Hitler", welche die schwierige Lage meisterten. Sie erlitten aber auch merkliche Verluste und schafften die Voraussetzung für die Kämpfe des Sommers 1943 in diesem Raum.

Gesamtverluste des SS-Panzerkorps: Dreihundertfünfundsechzig Offiziere sowie elftausendeinhundertvierundfünfzig Unteroffiziere und Männer, die gefallen oder verwundet wurden.

Ende Mai konnte ich überraschend nach anderthalb Jahren erstmals in Heimaturlaub fahren. Im Juni kam ich wieder zurück zur Einheit. Es begann zu dieser Zeit ein Unterführerlehrgang. Aber schon nach kurzer Zeit folgte ein erneuter Einsatz in einem Stellungssystem, in dem wir Kameraden einer Wehrmachtseinheit ablösten. Die Front war hier ruhig. Spähtrupps wechselten sich ab, um das Vorfeld und die Feindlage zu erkunden. Beide Seiten rüsteten sich für die bevorstehenden Sommerkämpfe.

In den Morgenstunden des fünften Juli begann, unterstützt durch Artillerie und Luftwaffe, unser Angriff auf die vielfach gestaffelten, mit sechs hintereinander liegenden Panzergräben versehenen, russischen Linien. Panzergräben, Minenfelder und Packgürtel brachten zunächst starke Verluste, jedoch wurde die russische Front durchbrochen. In diesen Tagen traf ich zufälligerweise M. Wittmann aus der Nähe von Beilngries, den erfolgreichsten Panzerkommandanten des II. Weltkrieges. Er ist ein Jahr später im August 1944 in der Normandie gefallen.

Kapitel 7 „Verwundung und Verlegung nach Italien und Istrien"

Zu einer Ausleitung der Durchbruchstellen reichten die deutschen Kräfte nicht aus. Nach wenigen Wochen war der Angriff abgeschlagen. Während dieses Einsatzes wurde ich durch eine Minenexplosion beim Einbruch in eine feindliche Stellung verwundet. Ich wurde erst zum HVP gebracht, anschließend mit der JU-52 nach Dnjeprpetrowsk ins Lazarett geflogen.

Nach meiner Ausheilung fuhr ich mit den Tross-Einheiten dem Regiment nach, das in der Zwischenzeit nach Italien verlegt worden war. In der Nähe von Innsbruck wurden wir entladen. Weiter ging es im motorisierten Marsch über den Brenner, Brixen und Bozen in die Poebene. Diese Zeit im Süden war für uns eine reine Erholung. Die Entwaffnung der Italiener, unserer ehemaligen Bundesgenossen, ging verhältnismäßig reibungslos vor sich.

Schöne, angenehme Tage verbrachten wir in Salla-Baganza, Mailand, Bergamo, Triest und Rovigno. Wohl einer der unvergesslichsten Eindrücke war unsere Fahrt in den Abendstunden nach Triest. Wir sahen die Sonne als feurigen Ball am Horizont untergehen. Sie tauchte die weite Fläche der Adria in tiefrote Glut.

Im Oktober 1943 kamen wir für kurze Zeit auf der Halbinsel Pola (Istrien) zum Einsatz. Dort hatten wir es mit den Partisanen Titos zu tun. Die Kämpfe waren hart und unbarmherzig. Die Partisanen hielten sich in keiner Art an die „Genfer Konvention". Gefangenschaft bedeutete in den meisten Fällen den Tod!

Kapitel 8 „Zurück nach Russland"

Ende Oktober wurden wir verladen und kamen wieder in den Osten nach Kiew – Chitomir. Die klimatische Umstellung vom Süden in den russischen Winter war nicht gerade angenehm. Dennoch war es für uns aber nicht der erste Winter dieser Art.

Kiew war in den ersten Novembertagen 1943 gefallen und die Russen waren nach Westen durchgebrochen. Wir waren erneut im „Hexenkessel". Brussilow, nahe der Rollbahn Chitomir – Kiew, war das erste Nest, das uns zu schaffen machte. Wie ein Igel lag der Ort in der weiten, weißen Fläche. Wir hatten den Auftrag, es einzu-nehmen. Doch zweimal wurden wir von „Iwan" abgeschlagen. Es war nicht einfach, an den Ortsrand heranzukommen. Das Dorf war mit gut eingegrabenen Russen gespickt. Bei einem Nachtangriff schafften wir es dennoch. Mit Handgranaten und MPs „säuberten" wir die letzten Hütten. Wie durch ein Wunder hatten wir keine Verluste. Vor allem brauchten wir nicht im Schnee nächtigen. Zwei oder drei Tage später nahmen wir eine andere Ortschaft ein. Es war am siebzehnten November und zufällig war es der achtzehnte Nahkampftag.

Die Landser sind ja bekanntlich gut im Organisieren. Zur Feier des Tages, ein Kamerad hatte Geburtstag, machten wir Kartoffelpuffer mit Marmelade. Welch ein Festessen! Einer trieb zudem ein Hühnchen auf. Was wollten wir mehr? Nach einer „Spreitze" (Zigarette) ruhten wir alle auf dem Lehmboden und sahen dem nächsten Tag entgegen. Jeder dieser Tage brachte neue Plagen mit: Schnee, Kälte oder Eis. Die Strapazen waren groß. Die Reihen lichteten sich. Unser Äußeres glich in jeder Beziehung den Russen: Ungewaschen, zerrissen und zerlumpt. Wir trugen Bärte wie U-Bootfahrer, hatten Läuse und teilweise offene, zerfressene Beine. Wer dies nicht erlebt hat, kann es nicht verstehen. So sahen wir in den Schneelöchern dem Weihnachtsfest 1943 entgegen. Während wir unsere Gedanken in die Heimat schickten, in ein Hindenburglicht starrten oder rauchten und an einem harten Stück Brot kauten, hielt abwechselnd einer von uns Wache. Die Stimmung war gedrückt. Statt der Heiligen Nacht wurde uns ein russischer Großangriff beschert, in dessen Verlauf wir in den kommenden Tagen über Berditschew in den Raum Winniza zurück gedrückt wurden.

Es war bei Berditschew, kurz vor der Jahreswende 1943/44. Wir waren mit unserem Fahrzeug und fünf Männern als Nachhut in einem Häuschen. Wir sollten die Absitzbewegung der Kameraden decken. Mit Spannung sehnte jeder die Weihnachtszeit herbei, da konnten auch wir uns weiter absetzen. Jeder wünschte sich insgeheim: „Hoffentlich taucht „Iwan" nicht auf!" Franz B., unser Fahrer, ließ den Motor immer wieder laufen. Denn eines stand fest: Lieber schlecht gefahren als gut gelaufen! Besonders im russischen Winter. Das Glück war in diesem Fall auf unserer Seite. Zu bestimmter Zeit fuhren wir los in Richtung Westen. Wir waren guten Mutes. Franz hatte seine liebe Mühe mit dem Wagen auf der vereisten Straße, die nichts anderes als ein besserer Feldweg war. Eisiger Wind pfiff um unsere Ohren. Plötzlich rutschte der Wagen in einen Graben. Hoffnungslos saß der Karren fest. Da half auch kein Allrad. Nach etwa einer Stunde packten wir unsere Sachen und wollten zu Fuß weitermarschieren, denn der Wagen war nicht mehr zu bewegen. Plötzlich kam ein Kübelwagen der Feldpolizei in unsere Richtung gefahren. Sie hatten ebenso Glück wie wir, denn hätten sie uns nicht getroffen, wären sie „Iwan" geradewegs in die Arme gelaufen. Dies waren die berühmten Zufälle im Leben. Einer der Feldgendarmen war zudem noch der aus dem Altmühltal stammende Josef R. . Kaum zu glauben! Mit vereinten Kräften schafften wir es schließlich, unser Fahrzeug wieder flott zu bringen. Josef spendierte eine Flasche „Aquavit". Dann trennten sich unsere Wege wieder. In der Nachkriegszeit erinnerten wir uns oft daran, wenn wir uns getroffen haben. Wie klein die Welt doch ist! Wir fanden nach einigen Stunden unsere Einheit und die Kämpfe gingen weiter. Doch das Häuflein wurde immer kleiner. In dauernden Rückzugsgefechten und Gegenangriffen drückte uns der Gegner immer weiter nach Westen zurück. Von einer zusammenhängenden Front konnte nun nicht mehr gesprochen werden. Geschlossene, größere Verbände wurden selten. Nur noch in Kampfgruppen stemmte man sich den an Mensch und Material überlegenen Russen entgegen. Einige hundert Männer kämpften oft gegen eine zehnfache Übermacht.

Wochenlang waren wir nicht aus unseren Pelzen und Stiefeln gekommen. Schweiß, Schmutz und Blut hatten uns ein fremdes Aussehen gegeben. Bärte und eingefallene Wangen ließen uns wie Greise wirken. Ganz zu schweigen von Bekleidung und Ausrüstung! Pistole, Maschinenpistole und Maschinengewehr waren unsere besten Freunde geworden. Vieles ist heute nicht mehr zu begreifen. Es war nur noch der Kamerad, der zählte. Im Brotbeutel ein Stück hart gefrorenes Brot, vielleicht irgendwo einen warmen Bissen und aus der Flasche einen scharfen Schluck. Mehr hatten wir nicht.

Es mag etwa Mitte Februar 1944 gewesen sein. Unsere 12. Kompanie war noch ungefähr dreißig Mann stark. Sie lag auf Sicherung in einzelnen Strohhütten. Ein Sturmgeschütz war unsere Stärke. Die Kameraden aus dem Kessel von Tscherkassy unternahmen in diesen Tagen einen verzweifelten Ausbruchversuch. Die Front rollte weiter ostwärts. Kilometerweit war nur endlose, weiße Fläche zu sehen. Die letzte Nacht war ruhig. Wir hatten sogar einige Stunden geschlafen, als wir plötzlich Motorengeräusche hörten. Es waren einige unserer Panzer, die bis zu uns vorgestoßen waren. Hier ging ihnen das Benzin aus. Gegen zehn Uhr meldete unser Posten, der auf einem Strohhaufen saß, dass sich am Horizont kleine Punkte auf uns zu bewegten. Es gab hierfür nur zwei Möglichkeiten: „Iwan" oder die ersten Männer aus dem Kessel. Ein Spähtrupp von zehn Mann marschierte ihnen entgegen. Jeder, der ein Fernglas hatte, verfolgte ihren Weg. Nach etwa zwei Kilometern, die sie durch den kniehohen Schnee gestapft waren, fiel die Entscheidung. Sie trafen sich vorne. Doch von Kampf war nichts zu sehen. Also waren es Leute von uns. Die Punkte am Horizont wurden deutlicher und mehr. Es gab keine Zweifel, dass der Ausbruch aus dem Kessel gelungen war. Wer entbehrlich war, lief den Soldaten entgegen. Und das wenige, was wir selbst hatten, gaben wir an diese Kameraden ab, die körperlich und seelisch völlig kaputt waren. Die begehrte Zigarette und die Schnapsflasche wanderten von Mund zu Mund. Man kann nicht von Weichheit sprechen, doch flossen natürlich auch Tränen der Freude und der Erleichterung. Auf allen zur Verfügung stehenden

Fahrzeugen und Schlitten brachte man die Jungs nach hinten. Es waren Tausende, die hierher kamen. Viele schafften es leider aber auch nicht!

Kapitel 9 „Rückkehr nach Berlin und Verlegung in die Tschechoslowakei"

Anfang März 1944 kam ich wegen meiner zweiten Ruhrerkrankung in ein Lazarett in der Nähe von Lemberg. Nach meiner Ausheilung im April fuhr ich zur Genossenkompanie nach Berlin. Dort war ich bis Juni im Ersatz-Bataillon als Ausbilder tätig.

Die Reste der Leibstandarte Adolf Hitler waren von der Ostfront nach Belgien zur Auffüllung und Neuaufstellung verlegt worden und gingen von dort zu neuem Einsatz in die Normandie an die Invasionsfront.

Im Juni 1944 wurde ich zum Führerlehrgang nach Josefstadt in der Tschechoslowakei abkommandiert. Zum Abschluss des Lehrganges ist es jedoch nicht mehr gekommen. In der Slowakei waren die Russen eingedrungen und wir wurden mit Kameraden des Heeres im Raume von Neutra eingesetzt. Im Oktober wurde ich das vierte Mal durch einen Handgranaten-splitter am Bauch verwundet. In Neutra und später in Pressburg lag ich im Luft-waffenlazarett bis Mitte November. Nach einem Genesungsurlaub kam ich wieder zur Ersatzeinheit nach Spreenhagen bis Ende Dezember 1944.

Kapitel 10 „Versetzung zur Junker-schule und Kriegsende 1945"

Im Januar 1945 wurde ich zur Junkerschule nach Kienschlag bei Prag versetzt. Hier erfolgte eine kriegsschulmäßige Ausbildung. Im April schlugen wir uns durch den Böhmerwald in das Reichsgebiet zurück. Am zwanzigsten April, ich hatte mich von Regensburg aus von unserem „Haufen" abgesetzt, war ich noch einmal eine Nacht bei meinen Eltern in Dietfurt. Über Ingolstadt – München erreichte ich einige Tage später den neuen Standort, die Junkerschule Bad Tölz. Das Ende des Krieges erlebte ich in den Bergen am Tegernsee!

Wir hatten treu unserem Fahneneid bis zum letzten Tag als deutsche Soldaten in Ehre unseren Rock getragen. Am achten Mai 1945 begann für mich, wie für Millionen anderer Soldaten, ein neuer,

schwerer Abschnitt meiner Soldatenzeit:
Zweieinhalb Jahre amerikanisch-
französische Gefangenschaft!

Kapitel 11 „Kriegsende und Gefangenschaft (Sammellager Heilbronn)"

In der Ausgabe des „Freiwilligen" vom Juni 1986 las ich den Artikel „Vogelfrei und gejagt". Er handelte auch von dem Arbeitslager „Camp Philip Morris" bei Le Havre. Ich hatte danach das Gefühl, hierzu auch einen kleinen Beitrag machen zu müssen!

Die Jahre von 1941 bis 1945 waren mit Russland, Frankreich, Italien, Jugoslawien, Polen, danach Genesenden-Kompanie, Lichterfelde, Spreenhagen, Storkow, Führer-Lehrgang in Josefstadt, Kampfgruppeneinsatz beim Aufstand in der Slowakei, reichlich ausgefüllt. Dazwischen lag ich mehrmals im Lazarett.

Im Raum Bad Tölz – Lengries – Tegernsee

war es dann zu Ende. Erich, ein weiterer
Junker aus Pommern und ich, wollten uns
bis in meine Heimat im Altmühltal durchschlagen. Wir kamen aber nur entlang der
Autobahn über Holzkirchen bis München.
Dort griffen uns die Franzosen und anschließend die Amerikaner auf. Es ging
sodann durch verschiedene Lager vom
Münchner Ostbahnhof über Fürsten-
feldbruck und Ulm nach Heilbronn in das
riesige Sammellager. Jeder, der die Zeit
und die Umstände damals erlebt hat,
kennt den Hunger, den schlimmeren Durst
und den verdammten Dreck in den Erd-
löchern.

Ab dem Lager Heilbronn versuche ich nun
meinen weiteren Weg zu beschreiben.
Neue Gruppen von ehemaligen Landsern
fanden sich zusammen. Hauptgesprächs-
themen waren Entlassung und Essen. Eine
Parole jagte die andere. Bekannte trafen

und verloren sich. Erich und ich hüteten unser Geheimnis. Wir waren noch beim großen „Haufen" dabei. Die Zeit vertrieb man sich mit Kartenspielen, und dem Sammeln von Papier. Alles, sogar jedes Stückchen Holz, konnte man gebrauchen. Zigaretten wurden, falls überhaupt vorhanden, nur zu zweit oder zu dritt bis zum Ende geraucht und dann auf ein Streichholz aufgespießt und weiter geraucht, bis die Lippen glühten. So vergingen die Wochen sehr eintönig.

Eines Tages hatte ich eine Zeitung aufgegabelt. Die Schlagzeile war fett und rot: „25 Jahre für die Waffen-SS". Im ersten Moment waren wir erschüttert. Aber was hatten wir nicht schon alles erlebt. Erich meinte dazu nur, es werde kein Brei so heiß gegessen wie er gekocht wird. Dennoch musste ein Ausweg gefunden werden. In der folgenden Nacht gingen wir in unserem Erdloch ans Werk. Einer kniete sich auf den Oberarm des anderen und brannte mit einer Zigarette auf der eintätowierten Blutgruppe des anderen herum. Eine Wohltat war das Ganze nicht gerade. Nach acht Tagen endlich waren unsere Brandwunden abgeheilt, doch die „0" war noch immer leicht zu sehen. Weitere Versuche gaben wir aber dennoch auf und harrten der Dinge, die kommen sollten. Schon einige Tage später gab es Unruhe im Cage. Alle Telegrafen- und Postfacharbeiter sollten sich melden, hieß es. Sie würden zum Wiederaufbau sofort entlassen. Der Andrang an „Fachkräften" war verständlicherweise gewaltig. Einige Hundert kamen auf diese Weise weg. Für uns jedoch waren sie entlassen. Das Lager-leben ging also weiter seinen Trott mit Sauerkrautsuppe, für zwanzig Mann ein Brot, einen Teelöffel Erdnussbutter (Affen-butter), Tauschen, Horchen und Schlafen.

Aus den erwähnten „25 Jahren" war zwar noch nichts geworden, doch an einem sonnigen Tag stand plötzlich, vor der Lagerleitung, auf einem leeren Benzinfass einer ganz nackt mit erhobenen Armen. Es hatte sich bald herum gesprochen, dass es ein Kamerad unserer Farbe war. Nach geraumer Zeit ertönten auch schon die Lautsprecher, alles was Blutgruppe hatte, wurde aufgefordert, sich zu melden. Wir waren natürlich nicht allzu eilig bei der Sache. Doch als man denen, die sich nicht melden würden, drohte, es würden ihnen, wenn man sie später findet, die Finger gebrochen, machten wir uns doch auf die Socken. Man hatte ja schon verschiedenes gehört, wir waren da doch etwas miss-trauisch. Wir wurden aus den Tausenden doch ein ganz ansehnlicher „Haufen". Die Amerikaner nahmen von unserer An-wesenheit Kenntnis und entließen uns

nach einigen Fußtritten und Kolben-
schlägen mit dem Hinweis, uns zum
Abtransport bereit zu halten. In den
nächsten Tagen wurden auch noch
Landwirte aussortiert und entlassen.

Kapitel 12 „Verlegung nach Frankreich"

Dann war es soweit: Unsere verbliebenen Habseligkeiten in den Taschen verstaut, die Blechbüchse in der Hand, zogen wir unter schwerster Bewachung in ein Extralager. Die Zurückgebliebenen bedauerten oder beschimpften uns. Doch dieser Umzug war im Moment nicht etwa zu unserem Nachteil. Hatten wir bisher in elenden Erdhöhlen gehaust, bezogen wir jetzt feine Zwei-Mann-Zelte. Doch es ging sogar noch weiter. Unsere Blechdosen füllten sich mit einer guten Milchsuppe. Der Löffel stand darin. Dies war das untrügliche Zeichen, dass sie dick und folglich auch gut war. In diesen Zeiten war nicht Qualität, sondern Quantität ausschlaggebend. Wir kamen uns vor wie „Gott in Frankreich". Leider dauerten diese Tage nicht lange. Weshalb der Ami dies tat? Darauf fand ich keine Antwort.

Unter schärfster Bewachung zogen wir wenige Tage später durch Heilbronn zum Bahnhof. Alte Männer, Frauen und Kinder standen am Wegrand. Manchen liefen die Tränen über die Wangen. Sie ahnten wohl, welch schlechten Zeiten wir entgegen zogen. Vierzig Mann kamen in einen Waggon. Wohl für keinen von uns war es die erste Fahrt in einem derartigen Sonderabteil. Stroh, Decken oder Ähnliches waren nicht vorhanden. Unser Waggon hatte im Dach einige Löcher, vermutlich rührten sie von Jagdbomberbeschuss her. Das wichtigste waren zwei Kisten, in denen sich so genannte K-Rationen, also amerikanische Marschverpflegung, befanden. Diese wurden sofort unter allen aufgeteilt. Nachdem die Türen vernagelt waren, setzte sich der Zug in Bewegung. Die Fensterklappen waren mit Stacheldraht gesichert. Wir hatten Beobachter eingeteilt, die in gewissen Zeitabständen melden mussten, wohin es ging. Noch rollten wir durch deutsches Land. Doch als die Sonne unterging, waren wir sicher, dass es westwärts ging. Also nach Frankreich. In der Nacht rollten wir bei Kehl über den Rhein. Ich glaube, dass jeder noch so harte Mann in diesem Augenblick weich wurde. Auf den französischen Bahnhöfen, an den Strecken, überall standen Menschen, die uns geballte Fäuste zeigten. Sie warfen Steine von den Brücken und machten halsabschneiderische Handbewegungen. Sogar geschossen wurde. Auf einen Empfang mit Girlanden oder dergleichen waren wir natürlich sowieso nicht einge-stellt. Was hier ablief, war uns aber letzt-lich doch etwas zu viel. Immer und überall gibt es Menschen, die erfinderisch sind und denen neue Möglichkeiten oder Aus-wege einfallen. Besonders unter Gefangenen war dies der Fall. So auch bei uns. Allen, die jemals mit Amerikanern zu tun hatten, ist sicher bekannt, dass die erwähnten K-Rationen in kleinen Wachskartons verpackt waren. Einer unserer Männer kam nun auf die Idee, unsere Notdurft, da sowieso keine andere Möglichkeit vorhanden war, in diese Wachsschachteln zu verrichten. So war auch für dieses „Übel" eine Abhilfe geschaffen und gleichzeitig dienten uns unsere „Gasbomben" als Wurfgeschosse, wenn es die Außenstehenden zu toll mit uns trieben. Ich habe mich des Öfteren gefragt, ob die Menschen im Innern dieses Landes vielleicht besser waren, oder eilte unserem Transport jeweils ein gewisser „anrüchiger" Ruf voraus?

Nach vier Tagen kamen wir in Vòves bei Paris an. Mit Freude stellten unsere Wachmannschaften fest, dass nur etwa zwanzig

Mann sich selbstständig gemacht hatten. Mit derartigen Gedanken trugen sich damals noch wenige. Später wurde dies anders. Für Erich und mich aber galt nur ein Grundsatz: Sich möglichst wenig strapazieren und alles für die Gesundheit zu tun! Es war ein großer Fehler vieler Kameraden, sich gehen zu lassen. Sie wurden im Laufe der Monate und Jahre körperlich und geistig müde. Den späteren Strapazen waren sie folglich oft nicht mehr gewachsen.

Die Verpflegung in diesem Lager war denkbar wenig. Morgens gab es einen Becher Kaffee und zwei Kekse, mittags ein suppenähnliches Getränk. Ein Löffel war meist nicht nötig. Abends erhielten wir wieder Kaffee oder Tee und eine Scheibe Brot. Eine Spezialität dieses Lagers war Rosinensuppe. Sie mundete ausgezeichnet, aber die wenigen Rosinen füllten den Magen nicht. So war immer eine „Raumleere" darin.

Von Woche zu Woche schwanden unsere Kräfte und es war keine Seltenheit, dass manch einer zusammenbrach. Eines allerdings schrieben die Amis groß: Reinlichkeit! Sie hatten ziemlichen Schrecken vor Seuchen und Ungeziefer. Jeden Tag führte man uns in den Duschraum. Dies war zwar gut gemeint, doch an unseren geschwächten Körpern, meist nur noch Haut und Knochen, zehrte diese Prozedur noch mehr. Reichlich vorhanden war besonders Toilettenpapier. Dies war eigentlich in solchen Mengen unnötig, denn unsere Därme waren leer. Mancher Kaufmann in Deutschland wäre ein reicher Mann geworden, hätte er nur diese Mengen besessen!

Alle paar Tage hieß es: „Hemden und

Hosen auf!". Mittels Spritzen bestäubte man uns zur Desinfektion und Vorbeugung aus allen Richtungen. Die vorhandene Freizeit verbrachte man mit Lesen, Umherlaufen und Liegen. Es gab Spezialisten, die sich nur damit beschäftigten, neue Latrinenparolen an den Mann zu bringen. Andere bastelten aus Blechdosen Löffel, Messer, Zigarettenetuis und Waschzeugbehälter. Wieder ein anderer entdeckte sein Talent als Schuster oder Schneider. Kurz gesagt, man versuchte, etwas Nützliches zu tun. Bald wussten daher unsere Bewacher: Auf diese Burschen muss mächtig aufgepasst werden, denn wenn man sie mit Blechdosen in den Urwald schickt, kommen sie mit einem „MG" wieder heraus! Unser Geist und unser Improvisationsvermögen wurden also in gewisser Hinsicht sogar bewundert.

Vierzehn Tage waren vergangen, als es

eine kleine Sensation gab. Wieder traf ein neuer Transport ein. Es waren unsere Freunde, die als Post- und Telegrafenarbeiter in Heilbronn schon „entlassen" worden waren. Für einige Tage war nun sofort ein Gesprächsthema gefunden.

Anfang August 1945 rollte ein Gefangenentransport in Richtung Kanalküste. Wir kamen nach Cherbourg. Mein Kamerad Erich, mit dem ich in Gefangenschaft geraten war, musste zurück bleiben. Er war wenige Tage vorher wegen Unterernährung ins Lazarett gebracht worden.

Auf einem Feld errichteten wir Zelte. Rund fünfzig Mann waren in einem untergebracht. In diesen Tagen regnete es viel und unser Lager wurde zu einem Schlammfeld. In den Zelten war es so eng, dass sich immer alle auf die gleiche Seite legen mussten. Nach einer Stunde hieß es: „Ganze

Abteilung kehrt!" Alles wälzte sich daraufhin auf die andere Seite. Auf dem feuchten, harten Boden, denn Stroh oder Decken gab es nicht, hatte schon fast jeder, hervorgerufen durch starke Abmagerung, an den Hüftknochen offene Stellen bekommen. So wurden die Nächte mehr oder weniger zur Qual. Auch durften die Zelte nachts nicht verlassen werden.

So großzügig die Amerikaner in ihren Küchenausstattungen im Allgemeinen waren, hier war es furchtbar. Das Essen wurde in Benzinfässern, gekocht, denen ein Boden ausgeschnitten war. Die Folge waren natürlich Vergiftungen und furchtbare Durchfälle. Manche überlebten es auch nicht. In diesen überaus schlechten Zeiten trafen französische Werber für die Fremdenlegion ein. All den angeführten Gründen war es zuzuschreiben, dass viele Kameraden darin den einzigen Weg sahen, es woanders besser zu treffen. Man kann mit Sicherheit annehmen, dass dennoch die meisten von ihnen in den folgenden Jahren in Afrika oder Indochina ihr Leben lassen mussten.

Im Gegensatz zu den Kameraden des Heeres durften wir im Rahmen von Arbeitskommandos außerhalb des Lagers noch nicht eingesetzt werden. Also war uns auch die kleinste Möglichkeit genommen, auf irgendeine Art etwas Zusätzliches zu organisieren.

Kurz vor meiner Gefangennahme hatte ich im Futter meiner Mütze noch 300,-- DRM (Deutsche Reichsmark) eingenäht. Hiervon kaufte ich jeden Tag von den Kameraden des Nebenlagers eine Zigarette für 80,-- DRM. Was spielte Geld für uns noch für eine Rolle? Wir rauchten sie liegend, bis die Glut unsere Lippen verbrannte. Es war immer ein großer Genuss, wenn es auch jedem schwarz vor Augen wurde.

Eines Tages wurden wir registriert. Es erfolgte eine genaue Aufnahme der Personalien aus dem zivilen und militärischen Leben. Selbstverständlich wurden die zehn Fingerabdrücke, wir nannten es „Klavierspielen" nicht vergessen. Ich sagte mir in diesem Zusammenhang aber: „Die brauchen auch nicht alles wissen!" und gab bei der Frage nach meiner Dienststellung die Bezeichnung „Koch" an. Heute muss ich allerdings zugeben, dass diese Angabe nicht aus einer besonderen Berechnung erfolgte. In späteren Zeiten kam mir das, was ich in Cherbourg angab, sehr zugute. Nach dieser Registrierung konnten wir auch die erste Rot-Kreuz-Suchdienstkarte nach Hause schreiben. Im September 1945 wussten meine Eltern somit endlich nach dieser langen Ungewissheit, dass ich noch am Leben war.

Kapitel 13 „Lager Cage 11"

Ende September 1945 wurden wir in ein
neues Lager verfrachtet. Die Sattel-
schlepper-Viehtransporter waren ge-
fürchtet. Wir kamen in das Camp 23
Bolbec, Cage 11. Wer dort war, weiß Be-
scheid. Im ersten Moment glaubten wir, es
nun besser getroffen zu haben. Für einen
Außenstehenden war dem Augenschein
nach auch alles in bester Ordnung. Es gab
Zelte, Latrinen und eine Küche. Doch wir
kamen vom Regen in die Traufe. Ich
möchte es mir an dieser Stelle ersparen,
alles zu erzählen, was wir hier erlebt
haben. Vielleicht kann es sich mancher
ausmalen, wenn ich sage, dass damals in
diesem Cage 11 ehemalige Fallschirmjäger, U-Bootfahrer und wir Männer der
Waffen-SS zusammen gepfercht waren.
Diese drei Waffengattungen waren in den
Augen der Amis anscheinend die ge-

fürchteten Leute der ehemaligen Wehrmacht. Waren die Zeiten auch hart, für uns rund zwölfhundert Mann war es doch eine gewisse Anerkennung, die man uns hier zollte. Der amerikanische Frontsoldat wusste unseren Kampfgeist wohl zu schätzen. Die anfängliche Überheblichkeit 1944 in der Normandie hatte sich bald in Verwunderung, Schätzung und Anerkennung gewandelt. Wer sich allerdings in den rückwärtigen Diensten herumtrieb, hatte sehr oft eine andere Auffassung vom Soldatentum. Derartige Auswüchse gab es in jeder Armee, und man kann sicher nicht nur einer Seite alles zuschreiben.

Jedenfalls waren die Leute, die hier ein wichtiges Wort sprachen, vom menschlichen und soldatischen Standpunkt aus gesehen, doch recht kleine, arme Wichte. In diesem Zusammenhang möchte ich auch einige Worte über eine besondere Kategorie von Deutschen sagen. Es handelte sich dabei speziell um Bewacher und Spitzel. Diese Männer hatten anscheinend nichts Besseres zu tun, als die eigenen Kameraden zu schinden und zu schikanieren, wohl in der Hoffnung, dadurch etwas früher entlassen zu werden. Doch manchem dieser „Schweine", ein anderer Ausdruck ist hier nicht zu gebrauchen, wurden die Entlassungslager und der spätere Aufenthalt in der Heimat selbst zum Verhängnis. Jeder anständige Gefangene hatte sich natürlich die Namen dieser Leute gemerkt.

Zurück nun zu dem zuvor erwähnten Cage 11. Als wir in den letzten Septembertagen 1945 dort einzogen, glaubten wir, es gut getroffen zu haben. Mit unseren spärlichen Habseligkeiten leitete man uns zum Appellplatz. Umgeben von der „Lagerwache" (Deutsche mit Stöcken!), fand nun eine der berüchtigten Filzungen statt. Das Letzte, was sich der einzelne bis dahin gerettet hatte oder auch wieder organisiert hatte, wechselte nun den Besitzer. Von Wertgegenständen wie zum Beispiel Uhren, gar nicht zu sprechen, denn diese waren wir früher bereits längst losgeworden. Sogar Butterdosen oder vom Mund abgesparte, als eiserne Ration gedachte kleine Konservendosen, wurden in wenigen Minuten auf dem Erdboden zertreten. Nach diesem „Empfang" gab uns der amerikanische Lagerführer, der im Übrigen ein erst etwa zwanzigjähriger Bursche war, durch den Dolmetscher die Lagerordnung bekannt. Um sechs Uhr kam der Weckruf, anschließend standen die morgendliche Hygiene und danach das Reinigen der Zelte und Lagerstraßen auf dem Plan. Um sieben Uhr gab es Kaffee. Auf zehn Mann kam ein Brot, das noch zuvor auf den typischen, selbstgebauten Brotwaagen abgewogen wurde. Acht Uhr

Appell mit Zählung. Kranke hatten dabei am linken Flügel auf dem Boden zu liegen. Bei der Zählung durfte sich niemand in den Zelten aufhalten. Die Zeltwände mussten den ganzen Tag über hoch gerollt sein, ohne Rücksicht auf die jeweilige Witterung. Bei Regen stand auf dem Zeltboden manchmal das Wasser. Den ganzen Tag, von acht Uhr morgens bis siebzehn Uhr, wenn der amerikanische Lagerführer das Lager verließ, durfte sich niemand setzen oder hinlegen. Rauchen war, wenn überhaupt, erst am Abend erlaubt. Sämtliche scharfen Gegenstände wie Messer, Nagelfeilen oder Rasierklingen waren verboten. Es war also nicht besonders schön, was wir hier erfahren hatten. Ändern konnten wir daran jedoch vorerst nichts.

Nach einigen langweiligen Tagen öffnete sich das Lagertor. Ein LKW fuhr herein und kippte in eine Ecke eine Ladung Kalksteine.

Es hieß, das Lager solle verschönert werden. Man teilte nun so genannte „Reibe- und Pinselkommandos" ein. Die ersten fertigten aus Blechdosen schöne Reiben an, auf denen sie jeden Tag ihr Soll an Kalkstaub her rieben. Auch die „Pinsler" rasten jeden Tag durch die Gegend, weißten die Steinrandeinfassungen der Wege, die Bäume bis zu den Astansätzen sowie die Zeltstangen und Holzroste über die Wassergräben. Fertig wurden sie nie, denn wenn es regnete war in wenigen Minuten die ganze Pracht verschwunden. Eine Stunde später musste jedoch wieder alles neu gepinselt sein.

Eines Tages kamen die Amerikaner auf den glorreichen Gedanken, dass uns Glatzen schöner machen würden. Natürlich war dies nur Schikane! Die selbst ernannten Friseure hatten somit ihre „Großkampftage". Mit riesigen Scheren fiel die Haar-

pracht und mit alten Rasierapparaten
wurde nachpoliert. Dann war das Lager der
„Bomben" fertig. Es gab dennoch ein paar
Humoristen unter uns, die sich die Zeit damit vertrieben, den nächst besten
Kameraden zu fragen, wo er denn seine
schönen Locken gelassen hätte, um ihm
anschließend einen Vortrag über Haar-
wuchs- und pflegemittel zu halten. Dass es
dabei zu erregten Diskussionen, manchmal fast wissenschaftlichen Dauerge-
sprächen kam, war verständlich.

Manche in Ehren ergraute Köchin, ja sogar
jede Hausfrau wäre vor Neid geplatzt,
wenn sie die Küchenzettel, Spezialrezepte
und Schmankerln von unseren
Kochkünstlern hätten lesen können, die
nach und nach auf meterlangen
Klosettrollen notiert wurden. War doch
alles, was mit dem Essen zusammen hing,
Thema Nummer eins in den Gefangen-

enlagern. Wenn auch die Mägen knurrten und in den Mündern sich kleine Seen vor lauter Kohldampf bildeten, so wurde doch im Geiste Tag und Nacht gekocht. Es war auch keine Seltenheit, dass man Gruppen von Gefangenen sehen konnte, die im Stehen Karten spielten. Sitzen und Liegen war, wie schon erwähnt, verboten. So standen die Männer aneinander gelehnt und ließen ihre Karten in ein Tuch fallen, welches sie sich in den Gürtel gesteckt hatten.

Dass immer wieder einer vor dem Zelt der Amerikaner zehn oder zwölf Stunden still-stehen musste, war fast an der Tages-ordnung. Die Kameraden aus den an-grenzenden Cages wussten damit, dass der Junge in der verbotenen Zeit geraucht hatte oder nicht schnell und zackig genug gelaufen war. Es gab ja Tage, da durfte man sich nur im Laufschritt bewegen!

Insgesamt war die Zeit hier in Bolbec dennoch sehr aufreibend. Wenn es auch ein wenig besser als Lager 404 bei Marseille war, so können doch alle, die durch Cage 11 gingen, ein Lied davon singen. Die damaligen deutschen Lagerpolizisten wirkten auf uns wie ein rotes Tuch auf einen Stier.

Vor der Küche standen drei schöne Apfelbäume. Trotz der fortgeschrittenen Jahreszeit hingen noch ein paar Äpfel dran. Schon lange hatten wir es auf sie abgesehen. Eines Tages stand unser Plan dafür. Wir bummelten etwa zu Zehnt zu diesen Bäumen. Bei dem, der noch die meisten Äpfel trug, entwickelte sich ein angeregtes Gespräch. Also blieben wir darunter stehen. Ein eifrig diskutierender Kreis bildete sich. Einer unserer kleinsten Männer stand dabei bewusst ganz in der Mitte. Allmählich und fast unmerklich, so wie das

Sehrohr eines U-Bootes, schob sich aus seinem Mantel ein feiner, oben gebogener Draht. Ein leichter Ruck und schon fielen einzelne Äpfel in unserer Mitte auf den Boden. In wenigen Sekunden waren sie mit Kern und Stiel in unseren hungrigen Mündern verschwunden. Dieser Vorgang wiederholte sich drei bis viermal. Aber bis endlich einer der besagten „Knüppelträger" dies bemerkte und heran geschossen kam, war natürlich nichts mehr zu finden.

Da unser „Lager-Ami" es anscheinend nicht mochte, wenn wir faul durch die Gegend pilgerten, kam ihm ein neuer Gedanke, wie er uns beschäftigen konnte: Ein LKW kam angerollt und hinterließ einige Kubikmeter Bruchsteine. Diese Brocken sollten unter Aufsicht der Lagerpolizisten zu feinem Schotter für die Lagerwege verarbeitet werden. Da Hacke, Schlegel oder Hammer in unseren Händen natürlich Waffen waren, mussten wir einen Stein auf den anderen schlagen, bis der kleinste Schotter die Wege bedeckte. Jeden Tag kam ein anderes Wegstück an die Reihe. Doch mit den Gedankengängen von erfahrenen Gefangenen hatten die Amis nun doch nicht gerechnet. Zwei letzte Ladungen waren eingetroffen. Sie waren für die große Zeltstrasse bestimmt. Ein ganz Schlauer erinnerte sich an unsere etwa vier Meter tiefe Latrine. Da die Schotterherstellung diesmal für die Nachtstunden angesetzt war, wanderten die ganzen Ladungen an diesen geheimen Ort. Platz war ja dort genügend. Um rege Arbeit vorzutäuschen, mussten von jedem Zelt abwechselnd zwei Mann „klopfen". Nebenbei jedoch scharrten ein paar andere Männer von den übrigen Wegen den zuvor erzeugten Schotter zusammen, wuschen ihn, damit er frisch und neu aussah und breiteten ihn auf das befohlene Straßenstück aus. Die Amerikaner befanden am nächsten Morgen unsere Arbeit für gut. Alles war in Ordnung, das Steine Klopfen war beendet.

Wieder waren trübe, regnerische Tage ins Land gezogen. Unser Aussehen war noch fahler und magerer geworden. Es ging plötzlich die Parole um, dass Herren des Internationalen Roten Kreuzes im großen Lager wären. Tatsächlich kamen am nächsten Tag einige Männer in Begleitung unseres Dolmetschers und einiger Amerikaner. Es hieß, man wolle uns zunächst nicht vorzeigen. Dicht gedrängt bildeten wir eine Gasse und hatten alle die Mützen in der Hand, sodass unsere kahl geschorenen Köpfe zu sehen waren. Dies veranlasste einen der Herren zur Frage, weshalb wir denn so geschoren wären. Die Amerikaner erklärten ihm: „Wegen des Ungeziefers, die Männer haben Läuse!".

Dies entsprach natürlich nicht der Wahrheit. Nachdem Insassen, Zelte, Latrinen und einiges andere besichtigt worden war, stellte man an einige Männer Fragen bezüglich unserer Behandlung, Verpflegung und sanitären Betreuung. Diese Kameraden packten nun natürlich gehörig aus. Alles, was sich in den vergangenen Wochen abgespielt hatte, wurde offen dargelegt. „Unser Ami" schien sich dabei aber nicht recht wohl in seiner Haut zu fühlen. Doch man wollte alles genau wissen. In den folgenden Tagen hatten jene armen Kameraden dann aber nichts zu lachen. Tag und Nacht mussten sie bei Essensentzug tiefe Löcher graben. Obwohl wir ihnen heimlich von unserer Verpflegung abgaben und des Nachts auch mal ein anderer in das Loch sprang und weiter grub, waren sie alle nach kurzer Zeit mit den Kräften am Ende und mussten ins Lazarett gebracht werden. Doch ein gewisser Erfolg war uns sicher. Unser „Lager-Ami" wurde versetzt. Wir bekamen Stroh in die Zelte und auch Decken. Eine eingeleitete, ärztliche Untersuchung ergab unter anderem in meinem Falle bei einer Größe von 1,84 m ein Gewicht von rund fünfzig Kilogramm!

Kapitel 14 „Camp Philip Morris"

Die nächsten Tage brachten für mich eine entscheidende Wende in meiner Gefangenschaft. Mit etwa zwanzig anderen Männern wurde ich, aufgrund meiner Angaben in Cherbourg, nämlich Dienststellung „Koch", abkommandiert. Nun ging es in das große Camp „Philip Morris" nach Le Havre.

Bei einem abendlichen Zählappell wurden zwanzig Namen verlesen. Darunter war auch meiner. Wir hatten unsere Habseligkeiten gepackt und wurden am nächsten Morgen auf einen Lastwagen verladen. Unter großem Kraftaufwand kletterten wir darauf. Die Fahrer, ebenfalls Kriegsgefangene, die allerdings in bester, körperlicher Verfassung waren meinten, das neue Lager in Le Havre wäre sehr gut. Wir waren psychisch aber schon so angeschlagen, dass wir dem wenig Glauben schenkten.

Was konnte schon besseres nachkommen? Jedenfalls waren wir inzwischen an vieles gewöhnt und auch diesmal auf alles vorbereitet. Wir hatten uns auf dem Boden breit gemacht, war es diesmal doch ein Sondertransport. Es waren auch keine hundert Mann auf einem Wagen, wie wir es bisher gewohnt waren. So ließen wir uns durch die französische Landschaft kutschieren.

Die Fahrt dauerte nicht lange, da tauchte eine riesige Zelt- und Barackenstadt auf. Der erste Eindruck war gut. Die Gefangenen, die wir sahen, waren schwarz gekleidet und machten eine wohl genährten Eindruck. Das heißt, sie waren gut gekleidet und hatten dicke Gesichter. Der neben mir stehende Kumpel Willi Sch., er war ein ehemaliger Unterscharführer vom Artillerie-Regiment der Leibstandarte Adolf Hitler, meinte resigniert: „Lauter Stamm"!

Dies bedeutete in der Gefangenensprache, dass hier viel Stammpersonal wäre, das den gewöhnlichen Gefangenen alles weg frisst. Ja, hart waren unsere Ausdrücke im Laufe der Zeit geworden! Nach einer längeren Kreuz- und Querfahrt standen wir vor einem neuen Lagertor. Es bedeutete unsere neue Heimat. Ein riesiger Metall-kessel, ein Wasserturm, erhob sich neben dem Lager. Daher rührte auch der Name „Wasserturmlager".

Nachdem wir unser Gefährt verlassen hatten und die Lage gepeilt war, kamen durch das Tor einige Gefangene, be-grüßten uns und meinten, dass nun bes-sere Zeiten für uns kommen würden. So trotteten wir vor das Zelt des deutschen Lagerführers. Wie ein Lauffeuer hatte sich die Nachricht im Lager verbreitet, dass Ge-fangene aus Bolbec angekommen seien. Ich glaube, dümmer als wir konnte niemand aus der Wäsche gucken, als wir in einem engen Kreis von Kameraden standen, die uns Brot, Kekse, Schokolade und Zigaretten entgegenhielten und nicht nachgaben, bis wir alles in unseren Taschen verstaut hatten. Wir konnten einfach nicht glauben, dass es so etwas noch gab.

Man hatte sogar eigens ein Zelt für uns hergerichtet. Vorsorglich nicht zu weit von der Latrine entfernt, denn man wusste schon, was sich in den nächsten Tagen hier abspielen würde. Tatsächlich waren wir die nun folgenden acht Tage ständig zwischen unserem Zelt und der Latrine unterwegs. Obwohl man uns ausdrücklich auf die Folgen des allzu vielen Essens aufmerksam machte. Wer wollte es uns auch schon verübeln? So waren wir also Dauerkunden auf dem „Donnerbalken".

Willi und ich wurden gute Freunde. Waren wir doch Leidensgenossen aus der gleichen Division. Wenn einer von uns beiden in der Nacht aufwachte, so weckte er den anderen. Wenn wir feststellten, dass wir Hunger hatten, nahmen wir einen kleinen Imbiss, um dann wieder beruhigt weiterzuschlafen.

Kapitel 15 „Einsatz als Köche"

Nach etwa vierzehn Tagen waren die anderen Kameraden in den verschiedenen Arbeitskommandos untergebracht. Willi und ich hielten noch die Stellung, bis uns eines Abends der UvD (Unteroffizier vom Dienst) eröffnete, dass wir in einem amerikanischen Offiziersclub kochen müssten. Es seien im Moment keine anderen Kameraden verfügbar. Alle Ausreden halfen nichts. Willi war nämlich die gleiche Art „Koch" wie ich. Doch schließlich fand der UvD noch einen weiteren Mann und lieferte uns bei einem Leutnant ab, der mit seinem Jeep am Lagertor wartete. „Hello boys, come in!" war die persönliche Einladung, in dem Jeep Platz zu nehmen. Dann ging es in rasanter Fahrt durch die Nacht. Vor einer hell erleuchteten Baracke hielt er. Wir stiegen aus, und „Jonny" brachte uns in eine kleine

Küche, in der er uns klar machte, dass wir für etwa zwanzig Personen Pommes frites zubereiten sollten. Das war für uns natürlich eine Kleinigkeit, hatten wir dieses französische Nationalgericht doch während unserer Dienstzeit in Frankreich schon mehrmals gemacht. Nach kurzer Zeit wanderten daher die Kartoffelschnitten bereits in das kochende Fett. „Unser Ami" brachte uns eine Schachtel „Camel" dazu. Wohl in der Erkenntnis, dass eine Dampfmaschine ohne Rauch nichts leistet. Nachdem wir die „boys" und „girls" mit dem Produkt unserer Kochkunst versorgt hatten, waren wir froh, dass alles so gut geklappt hatte.

Die Generalprobe war demnach bestens ausgefallen. Willi und ich waren nun tatsächlich „cooks". An der Bar genehmigten wir uns anschließend einen Drink. Es können aber auch mehrere gewesen sein, denn als wir wieder aus dem Jeep stiegen und auf unser Zelt zusteuerten, glaubten wird doch eine deutliche „Schlagseite" zu verspüren. Der erste Schritt in den Bereich der Koch- und Küchengeheimnisse war uns jedenfalls bestens gelungen. Am folgenden Tag kam ein uns fremder Kamerad und fragte, ob wir in seiner Küche arbeiten wollten. So kamen wir zur Küche SB-3. Vierzig Mann waren in eine Tag- und eine Nachtschicht eingeteilt. Wir hatten für rund fünfzehnhundert Leute zu kochen. Mit unserer Küchenbelegschaft machten die Amerikaner den ersten Versuch mit Angehörigen der ehemaligen Waffen-SS. Über Arbeitsmangel brauchten wir uns nicht zu beklagen. Willi und ich wurden für die Tagschicht eingeteilt. Morgens um sieben Uhr verließen wir das Lager. Nachdem wir uns in der Arbeitsbaracke, die unmittelbar neben der Küche lag, umgezogen hatten, wurde sofort das vielseitige Frühstück, das zuvor von der Nachtschicht zubereitet wurde, ausgegeben: Tomatensaft, Spiegeleier, Brot, Butter, Marmelade und Kaffee. Anschließend ging es an die Zubereitung des Mittagessens. Wir arbeiteten auf Hochtouren, denn um zwölf Uhr hielten 1500 Mann ihr Tablett auf.

Nehmen wir einmal an, es wäre Sonntag. Da gab es Hähnchen. Nachts kamen diese aus dem Gefrierhaus, wurden ausgelegt und tauten langsam auf. Nachdem, wie vorher erwähnt, das Frühstück ausgegeben war, wanderten die geteilten Schenkel, Kragen und Flügel in etwa zwanzig große Bratpfannen. Es wurde auf Benzinöfen gekocht. Alles briet und schmorte nun ununterbrochen bis Mittag. Die fertigen Hähnchenteile wurden einstweilen in anderen Öfen warm gehalten. Natürlich war klar, dass jeder von uns gegen zehn

Uhr morgens schon zwei oder drei Schenkel verdrückt hatte, denn Köche mussten schließlich auch probieren. So nebenbei wurden noch weitere Zutaten zubereitet. Pünktlich um Zwölf wurden die Türen geöffnet. Dass es öfter zu Meinungsverschiedenheiten wegen eines Schenkels oder eines Kragens kam, kann man sich vorstellen. Dies ließ uns jedoch kalt. Die Herren in der Küche waren wir! Daran konnte niemand etwas ändern, denn in diesem Fall fanden wir bei der MP (Militärpolizei) beste Unterstützung.

So verlebten wir diese Wintermonate ganz gut und bis zum April 1946 hatten wir wieder Kräfte gesammelt. Im Duschraum, der nahe unserer Küche lag und der von uns genauso wie von den Amerikanern benutzt wurde, hatten wir eines Tages ein nettes Erlebnis. Wir waren fünf Mann. Wir zogen uns aus und warfen alle Klamotten

in die Ecke, denn nach dem Duschen
zogen wir grundsätzlich vom „Supply"
(Kammerbulle) neue Sachen an. Dann
gingen wir unter die Duschen. Neben uns
standen ein paar junge Amerikaner, die
erst vor wenigen Tagen gekommen waren
und hier auf ihren Weitertransport nach
Deutschland warteten. Wir hatten uns gehörig eingeseift. Plötzlich wurden diese
„boys" unruhig. In kürzester Zeit waren sie
alle verschwunden, teilweise noch mit Seife
auf dem Kopf. Am nächsten Tag erfuhren
wir, dass einer von ihnen die Blutgruppe
unter unserem linken Arm gesehen hatte.
Bei einem Küchenkameraden hatten sie
sich erkundigt, ob hier SS-Männer wären.
Sie waren sehr überrascht, dass es hier
einige Tausend von unserer Farbe gab. Sie
konnten es auch nicht begreifen, dass wir
genau wie sie aussahen. Vielleicht
glaubten sie, wir hätten Hörner oder
Ähnliches. Mit Sicherheit standen sie unter

dem Einfluss der Kriegspropaganda.

Kapitel 16 „Das Leben im Lager"

In unserem Camp, in dem verschiedene
Arbeitskommandos untergebracht waren,
entwickelte sich im Laufe der Zeit ein
netter Versorgungsdienst. Wir von den
Küchen sorgten für die Verpflegung aller
Art. Andere, die bei PX (Einkaufsstelle für
Militärangehörige) arbeiteten, versorgten
uns mit Zigaretten, Bier, Cognac und
anderen Dingen. Wieder andere brachten
uns Radios und Fotografien. So konnten
wir unser Lager ein bisschen wohnlich
einrichten. Sogar zu einem Variete und
einer fünfundzwanzig Mann starken
Musikband hatten wir es gebracht. Unser
„Küchen-Ami", er hieß Mr. Chapman, dem
wir wenige Tage nach einem gelungenen
Varieteabend unsere Bilder zeigten, geriet
ganz aus dem Häuschen, als er darauf die
tollen Frauen sah. Es ging ihm einfach
nicht ein, dass wir alle tatsächlich Ge-

fangene waren. Bei der nächsten Vorstellung war er mit uns ins Lager gekommen und konnte sich selbst von der Beschaffenheit unserer „girls" überzeugen. Eines war ihm allerdings schleierhaft: Woher kamen die Nylons, Schlüpfer und Büstenhalter? Unser Ansehen bei ihm war gewaltig gestiegen, denn selbst für einen Amerikaner waren das gewaltige Leistungen. Um ihm die Herkunft der Reizwäsche klar zu machen, mussten wir daher etwas weiter ausholen. Nachdem er es wusste, fand er als Anerkennung nur zwei Worte: „God damned SS-boys".

Im großen Camp gab es zudem ein besonderes Cage, das dicht mit Stacheldraht umgeben war und von der Military-Police bewacht wurde. Niemand hatte dort Zutritt, nur die Gefangenen, die dort ihrer schweren Arbeit nachgingen. In besagtem Cage waren die weiblichen Angehörigen der US-Army untergebracht. Hier also war die unerschöpfliche Quelle der Requisiten für die weiblichen Darsteller unseres Varietes.

Es war etwa vierzehn Tage vor Weihnachten 1945. Wir waren entschlossen, das Fest möglichst sorgenfrei zu begehen, abgesehen davon, dass wir fern der Heimat hinter Stacheldraht saßen. Zu diesem Zeitpunkt hatten wir Polen als Lagerwachen. Sie filzten uns täglich. Auch unser Verpflegungsnachschub geriet ins Stocken. Es musste also ein neuer Weg gefunden werden. Dieser Weg bestand aus einem langen Ofenrohr. Tagelang trugen wir es mit Büchsenmilch, Butter und ähnlichem gefüllt, wenn wir abends ins Lager zurückkamen. Nach der Entleerung flog es über den Zaun. Am nächsten Tag machten wir es auf dieselbe Art und Weise. Doch auch dies wurde entdeckt. Und so fand ein weiterer Kamerad eines Tages noch eine Möglichkeit: Es war zwar nicht die „feine englische Art", aber von diesem Tage an nahm uns kein Pole mehr etwas ab. Auf dem Speiseplan unserer Küche SB-3 stand als Nachspeise Schokoladenpudding. Als wir an diesem Abend ins Lager zurückgingen, hatte nur einer, natürlich ganz offen, eine große Büchse unter dem Arm. Sie war bis oben mit Pudding gefüllt. Der Träger der Büchse meinte nur, wir sollen ruhig durch das Tor gehen. Als wir an das Tor kamen, standen wie jeden Tag die Posten zur „Filzung" bereit. Von uns übrigen ließen sie bald ab und stürzten sich auf Ernst mit der Büchse. Sie meinten, dass der Pudding für sie besser wäre, als für uns und verschwanden damit in ihrer Wachstube. Nach wenigen Minuten kam schon der erste der Bewacher herausgestürzt, einige andere folgten. Wir aber zogen schnell ab in unsere Zelte. Am

Abend lüftete Ernst sein Geheimnis: In der Büchse war unten noch eine andere, schokoladenähnliche Masse... Ernst war nun der Held des Tages. Unser Nachschub rollte wieder, die Weihnachts- und Sylvester-Feiern waren also gesichert.

So vergingen die Wochen und Monate. Ein Tag war wie der andere, eine „Masche" folgte der anderen. Die Gefangenen regelten und organisierten das Leben im Camp „Philip Morris". Ohne sie ging nichts! Hie und da fehlten bei der Zählung ein paar Leute. Sie waren auf „Wanderschaft". Unser Lagerführer verstand es aber meisterhaft, ihr Fehlen erst nach einigen Tagen zu melden, um den Jungs einen gehörigen Vorsprung zu geben.

Kapitel 17 „Wechsel in französische Gefangenschaft"

Inzwischen schrieben wir April 1946. Eines Tages durften wir Unterführer nicht mehr zur Arbeit gehen. Es hatte sich herumgesprochen, dass wir wieder zurück nach Bolbec gebracht werden sollten. So war es denn auch. Nach wenigen Tagen bestiegen wir mit unseren Seesäcken die LKWs und rollten unter schwerster Bewachung nach Bolbec.

In einem Sonderlager wurde uns klar, dass wir an die Franzosen verschachert werden sollten. Das war natürlich bitter. Wie Hunde zogen wir an den Zäunen entlang. Fluchtpläne wurden entwickelt und wieder verworfen. Es war eine unangenehme Situation. Mein Kumpel Willi meinte, als wir eine der ungezählten Wanderungen am Zaun machten: „Einen alten Deutschen verlässt der liebe Gott nicht!" Und tatsächlich kam an diesem Abend die günstige Gelegenheit in Form einiger Sattelschlepper, dicht besetzt mit Landsern aus Le Havre, die hier eine Theatervorstellung besuchen wollten. Für uns war klar, diese Gelegenheit war einmalig! Die wichtigsten Sachen wurden in Taschen verstaut. Als es dunkel wurde, lagen wir hinter den Zelten im Graben, dicht am Stacheldraht. Nach kurzer Zeit waren wir etwa zu Zehnt. Mit Lederhandschuhen griff jeweils der Hintermann in den Draht, zog ihn kräftig hoch und der vordere Kamerad kroch dicht an den Boden gepresst auf die Lagerstrasse und ging danach aufrecht in Richtung „Varietecage", in dem die Sattelschlepper abgestellt waren. In kurzer Zeit hatten sich alle verkrümelt. Mit klopfendem Herzen erwarteten wir das Ende der Vorstellung. Gegen zweiundzwanzig Uhr ertönte im

Zelt der Schlussschlager „Im weißen Rössl am Wolfgangssee". Wenige Augenblicke später hatten wir uns unter die anderen Gefangenen gemischt. Die Fahrer der Lastwägen waren von uns informiert worden. Nach Mitternacht waren wir wieder in Le Havre. Wegen eines Umzuges in ein anderes Arbeitslager herrschte dort ein wüstes Durcheinander, sodass unsere Anwesenheit nicht auffiel. So verbrachten wir in stiller Verborgenheit die nächsten Wochen.

Kapitel 18 „Fluchtpläne"

Nachdem der erste Ausflug so gut abgelaufen war, entwarfen wir neue Pläne. Wir hatten noch einige Kameraden für das neue Unternehmen gewinnen können. Fühler wurden nach allen Seiten ausgestreckt. Kurze Zeit vorher war eine alte, sichere Masche, mit Verpflegungszügen nach Deutschland zu fahren, geplatzt. Die Verladekommandos wussten, wann und wohin die Züge fuhren. Seit neuestem wurden diese Züge auch kurz vor der Grenze mit Tränengas oder ähnlichem ausgeräuchert. So verlegten wir uns auf eine Fahrt mit einem Lastwagen. Ein Kamerad, der im Motor-Pool viel zu sagen hatte, regelte die Motorisierung. Ein anderer, der bei der MP-Station beschäftigt war, beschaffte uns die nötigen Papiere. Seesäcke waren mit Verpflegung, Rauchwaren und anderen wichtigen Dingen gefüllt.

In den ersten Maitagen 1946 war es soweit. Gegen neun Uhr morgens starteten wir mit sechs Mann mit einem GM-Lastwagen, versehen mit den besten Wünschen der zurückbleibenden Kameraden. In zügiger Fahrt rollten wir über Rouen-Abgeville die Kanalküste entlang bis zur belgischen Grenze. Dort bogen wir rechts ab über Amiens- Cambrai-Sedan in Richtung Luxemburg. Diese Route nahmen wir, damit wir die Hauptstrassen von Frankreich nach Belgien nicht benutzen, sondern nur kreuzen mussten. So würden wir mit möglichst wenig Militärfahrzeugen in Berührung kommen. Bis Cambrai hatte alles ganz vorzüglich geklappt. Dort verfuhren wir uns mehrmals und mussten einen französischen Polizisten um Rat fragen. Er gab uns bereitwillig Auskunft. Nachdem wir ihm eine Schachtel „Camel" verehrt hatten, fuhren wir weiter östlich.

Das Wetter war hervorragend, die Stimmung bestens. Am Nachmittag legten wir in einer kleinen Ortschaft eine Pause ein. Den Zivilisten erzählten wir etwas von Ersatzteilen, die wir in Metz abholen müssten. Dies stand auch in unseren Papieren. Als die Dämmerung hereinbrach, hielten wir in einem kleinen Waldstück, etwa fünfzig Kilometer von der Grenze entfernt, Kriegsrat. Wie sollte es weitergehen? Man war sich bald einig, mit dem Lastwagen durchzubrechen, denn das Gefährt konnte auch in Deutschland weiter helfen.

Bei Dunkelheit kamen wir nach Longwy. Unsere Nerven lagen bald blank, da wir nicht gleich die Ortsausfahrt finden konnten. Unser Fahrer wollte soeben den Gang wieder einschieben, als er höchst erstaunt in den Lauf einer Maschinenpistole starrte. Mir als Beifahrer auf der anderen Seite ging es nicht anders. In dieser unangenehmen Lage blieb uns nun nichts anderes übrig, als auszusteigen. Mit erhobenen Händen, Kolbenstößen und viel Lärm brachte man uns in ein Zuchthaus. Kurz darauf brummte unser Fahrzeug in den Hof. Wir sahen uns einer gemischten Streife von Franzosen, Briten und Amerikanern gegenüber. Uns war klar, dass nun alles vorüber war. Denn nachdem sie die Vorräte auf dem Lastwagen gesehen hatten, glaubte trotz „Fahrtausweis der Military-Police" niemand mehr an unsere Ersatzteile aus Metz. Als die Burschen bei jedem von uns zudem die Blutgruppe festgestellt hatten, folgte eine handfeste Abreibung. Als wir später nur noch in Hemd und Unterhose in unserer Zelle standen, stellten wir fest, dass manche Lippe aufgeplatzt war, einige Zähne fehlten und blaue Flecken unsere Körper übersäten.

Am folgenden Morgen holte uns die Military-Police aus Metz mit zwei Jeeps ab. Zu sechst saßen wir nun in Unterhosen auf einem der Jeeps. Der Zweite war das Bewachungsfahrzeug. Die „Franzmänner" hatten uns natürlich alles, Bekleidung, Uhren und Zigaretten abgenommen. Aber über den Verlust hatten wir uns bald getröstet. So ganz ohne konnten sie uns doch nicht laufen lassen. Wesentlich unangenehmer war dagegen die Ankunft in Metz.

Es war Sonntagvormittag, die MP-Station lag gegenüber einer großen Kirche, die gerade ihre Pforten öffnete. Eine stattliche Zahl von hübschen, jungen Mädchen hatte so bei großem „Hallo" Gelegenheit, sechs junge Männer in ihrer „Reizwäsche" zu bewundern.

Eine Nacht verbrachten wir in Gesellschaft

von Amerikanern, Polen, Franzosen und anderen Gefangenen im Keller der MP-Station. Danach wurden wir am folgenden Morgen in das große Lager Stenay gebracht. Dort wanderten wir sofort für zehn Tage in den „Bau". Denn den Amerikanern war es egal, ob zu Fuß, per Auto oder mit dem Flugzeug, es hieß nur: „Ten days water and bred!". Der Bunker in Stenay war sehr gewöhnungsbedürftig. Während wir unsere Tage absaßen, waren dort mehr als hundert Gefangene. Es war quasi eine kleine Hochburg für „Flitzer". Die Kumpels kamen aus ganz Westeuropa: Frankreich, Belgien, England. Für einen späteren „Spaziergang" konnte man aus den Erfahrungen der anderen viel lernen. Von unseren Mitgefangenen hörten wir eines Tages, dass ein ehemaliger Lager-führer aus 404 bei Marseille angekommen sei, der die Kameraden bis aufs Blut schikanierte und sich daher unter den anderen nicht mehr halten konnte. Die Lagerleitung wusste wohl keinen anderen Ausweg, als diesen Mann in Schutzhaft zu nehmen und bei uns unterzubringen. Zu allem Unglück befand sich unter uns auch ein Mann, dem er in 404 sehr zugesetzt hatte. Ich möchte jedoch an dieser Stelle nicht näher darauf eingehen, was mit ihm passiert ist. Der im Landserwortschatz geläufige „Heilige Geist" war nur der Anfang.

Unsere zehn Tage hatten wir nun überstanden. Nach unserer Entlassung kamen wir zu einer Sonderkompanie. Diese wurde als „Knüppelgarde" bezeichnet, denn jeder dort hatte einen Stock. Vom Amerikaner wurden wir mit Respekt behandelt, da gute Disziplin herrschte. Zu diesem Zeitpunkt traf ich im Lager Hans B. , der von Stenay aus in die Heimat entlassen werden sollte. Wir versuchten unser Möglichstes, um heimfahren zu dürfen. Er bot dem deutschen Lagerführer sogar sein Waldstück an, wenn er mich mit ließe, doch umsonst.

Wir waren inzwischen wie zusammengewachsen. Jeder konnte sich auf den anderen in jeder Lage verlassen. Das oberste Ziel war natürlich, körperlich auf Draht zu bleiben, um bei der nächsten, sich bietenden Gelegenheit einen erneuten Fluchtversuch wagen zu können. Das Lager Stenay wurde dafür aber nicht in Anspruch genommen, um die Kameraden, die hier entlassen werden sollten, nicht in Schwierigkeiten zu bringen. Es hatte sich auch hier wieder die Kameradschaft in jeder Hinsicht bewährt. Unser eiserner „Haufen" war bis Mitte Juni 1946 ständig gewachsen. Bald waren wir fast fünfhundert Mann. Jeder ehemalige Kompanie-Chef hätte sich glücklich geschätzt, hätte er nur ein Dutzend von diesen Jungs gehabt!

Kapitel 19 „Verlegung nach Attichy"

Die Amerikaner trauten uns anscheinend doch nicht ganz, noch dazu verhältnismäßig dicht an der Grenze. Deshalb verfrachtete man uns eines schönen Tages auf mehrere Sattelschlepper und ab ging es in Richtung Süden. Nach stundenlanger Fahrt fanden wir uns wieder im bekannten Lager Attichy. Vermutlich hatte man der dortigen Lagerführung bereits mitgeteilt, um welche Ankömmlinge es sich handeln würde, denn das Extralager und Bewachung waren nicht von Pappe. Stacheldraht in jeder Ausfertigung, ständige Streifen, teilweise mit Hunden, gaben dem Ganzen einen Furcht einflössenden Rahmen. Von außen konnte keiner an uns heran. Aber innerhalb der Zäune gärte es gewaltig. Nach einiger Zeit spürte man genau, dass sich einzelne Gruppen bildeten, die doch wieder den Drang nach außen verspürten. Im Laufe der Zeit wurden bei gelegentlichen Arbeitskommandos oder Revierbesuchen Kombizangen, Lederhandschuhe und Verbandszeug organisiert. Des Weiteren hatten wir sogar herausgebracht, dass der wichtigste Mann im E-Werk, der bei Nacht die Scheinwerfer und die elektrische Anlage überwachte, ein sehr netter Kerl war. Ein weiterer Gefangener, der ein ehemaliger Fallschirmjäger war, hatte sich sogar den Arm gebrochen, nur um ins Revier zu kommen. Von dort konnte er alles bestens sondieren. Ein erneuter Ausbruch konnte nur bei einer Nacht mit Gewitter unternommen werden. Wir wussten auch, dass wir uns mit den beschafften Drahtscheren durch vier Nebenlager, das heißt, durch etwa acht Stacheldrahtzäune schneiden mussten. Jeder Landser und jeder Gefangene hatte ja gelernt, zu warten.

Zwischenzeitlich hatten wir auch bei einem Probeausbruch versucht, wie die Hunde-streifen am besten irregeführt und ge-täuscht werden konnten.

Eine Strohpuppe in Gefangenenkleidung wurde nachts an den Zaun gehängt und mit Stöcken am Draht ein ziemlicher Radau gemacht. In wenigen Augenblicken waren alle Wächter, die sich durch Pfeifsignale miteinander verständigt hatten, an der Stelle versammelt und schlugen auf den vermeintlichen Flüchtling ein. Auf der Gegenseite war das Lager auf diese Weise für etwa fünfzehn Minuten nicht bewacht. Die Freude lag auf unserer, der Spott und mancher Steinwurf auf der anderen Seite. Bei diesen Streifen innerhalb des Lagers handelte es sich dazu noch um ehemalige deutsche Landser!

Kapitel 20 „Missglückter Fluchtversuch"

An einem sehr heißen Tag ließen wir uns die Salzheringe, die es hier öfter gab, im Bauch etwas „aufrösten". Plötzlich stellte sich drückende Schwüle ein und ein Gewitter war in Sicht. Wir brachten die Strohpuppe erneut auf Glanz und trafen die letzten Vorbereitungen für den eventuellen Ausbruch. Als es dunkelte, öffnete Petrus, wie bestellt, die Schleusen. Es regnete wie aus Eimern. Blitz und Donner ließen nicht auf sich warten. Gegen zweiundzwanzig Uhr war es mit einem Schlag stockdunkel. Die folgenden Minuten verliefen nun wie bei einem gut vorbereiteten Stosstruppunternehmen. Nach etwa zehn Minuten hatten wir schon drei Lager hinter uns. Mitten im Vierten war es, ebenso schnell wie alles begonnen hatte, leider wieder zu Ende. Die Scheinwerfer strahlten und wir

standen mitten unter den alarmierten, be-
waffneten Posten. Der Kumpel im E-Werk
hatte sein Möglichstes getan, aber ganz
hatte es wohl doch nicht gereicht. Der
Traum war aus! Zehn Tage „Bau" und alles
ging wieder seinen gewohnten Gang. Es
hieß also weiterhin abwarten, Hunger-
rationen teilen und eine neue Möglichkeit
auskundschaften. Dazu kam es jedoch
nicht mehr.

Kapitel 21 „Verlegung ins nord-französische Kohlerevier"

Nach einigen Tagen waren wir an die Franzosen übergeben und rollten unter Marokkanerbewachung nach Norden, einer wahrhaft schwarzen und rußigen Zeit entgegen. Wir kamen in das nordfranzösische Kohlerevier. Wer damit etwas zu tun hatte, dem sind diese Namen sicher ein Begriff: Bethune, Lens, Douai, Berlin.

Der erste Eindruck ist immer der Entscheidende, sagt ein altes Sprichwort. Was wir von den Kameraden, die schon länger hier waren, hörten und auch selbst sahen, ließ bei den meisten von uns keinen Zweifel darüber aufkommen, dass wir uns hier nicht allzu lange aufhalten würden. Wir merkten aber auch sehr schnell, dass für eine Flucht von hier ganz andere Voraussetzungen vorlagen.

Erstens war die Bewachung äußerst

scharf, die Verpflegung schlecht, was
bedeutete, dass nach kurzer Zeit der Rest
unserer Kräfte schwinden würde. Zum
zweiten der permanente Kohlenstaub, den
man mit der wenigen und schlechten Seife
nicht mehr aus den Poren brachte und
man aus diesem Grunde sofort überall als
Flüchtling aus einem Bergwerklager
erkannt werden würde.

Bevor ernsthaft daran gedacht werden
konnte, musste zuerst einmal die Lage gepeilt werden. Und wenn wir nicht auf die
unterste Verpflegungsstufe gesetzt werden
wollten, blieb nichts anderes übrig, als ein-
zufahren und „Charbon pour France"
(Kohle für Frankreich) zu machen. Denn
wer nicht arbeitete, bekam auch weniger
zu essen.

So wurde ich auch in eine der
Schichten eingeteilt. Nachdem die Gruben-
lampe empfangen und die Kleidung ge-

tauscht und an dem Kettchen hochge-
zogen war, bestiegen wir mit gemischten
Gefühlen den Förderkorb. Ab ging es auf
Sohle. Ich glaube, es waren ungefähr
sechshundert Meter unter Tage. Mir und
einem weiteren Kamerad wurden zwei
Zivilsten zugeteilt. Nach kurzer „Be-
schnüffelung" meinten diese, wir sollten
zunächst das Gehen mit der Lampe
zwischen den Beinen lernen und uns
schnell aus dem Staub machen, wenn von
oben die Brocken herunterfielen. Von den
acht Stunden Arbeitszeit, je eine brauchte
man für den An- und Abmarsch unter
Tage, waren wir beide die meiste Zeit auf
den Beinen. Die Franzosen meinten mit
den „Brocken" natürlich Geschosse in der
Größe eines Stuhles. Wir liefen sicherheits-
halber die meiste Zeit. Anfangs mussten
wir die Loren zum Bremsberg schieben
und die leeren Loren an die Schüttel-
rutsche mit zurückbringen. Nach einigen

Tagen hatten wir uns aber daran gewöhnt. Die Arbeit war sehr abwechslungsreich: Schippen, Verstreben, Roulieren, Förderbänder verlegen. Der Lärm durch die Blechrutschen und die Pressluſthämmer war so laut, dass man sein eigenes Wort nicht verstehen konnte. Außerdem war es ziemlich warm und es gab Ratten in der Größe von kleinen Katzen. Wenn Pause war, löschten wir die Grubenlampen, und wenn es ruhig war, konnte man hören, wie es in den abgestützten Grubenhölzern knirschte. Es war an der Tagesordnung, dass solche Stempel langsam splitterten und nach kurzer Zeit brachen. Bald zerbrachen wir uns aber die Köpfe nicht mehr darüber.

Im Laufe der Zeit wurde es für uns Gefangene doch unangenehm, wenn wir den Zivilisten bei der Brotzeit jedes Mal zuschauen mussten, denn für eine solche reichte unsere geringe Verpflegung nicht aus. Aber ich gebe zu, dass sie uns doch manches Mal etwas abgaben. Gefangene finden bekanntlich immer einen Ausweg. Und so war es auch in diesem Fall. Die „Franzmänner" hatten ihre Brotbeutel wegen der Ratten immer an die Querstreben hinauf gehängt. Die langschwänzigen Biester kamen ja an alles heran. Bei uns hatte sich dies aber bald herumgesprochen. Es war eigentlich ganz einfach: Lampe aus, ran an den Beutel, Papier zerrissen. Die Hälfte heraus, eine anständige Portion Krümel hinterlassen, in einer stillen Ecke schnell alles verdrückt und in der Pause auf die schlechte Verpflegung geschimpft. Eine denkbar einfache Methode. Nur darauf kommen musste man! Unsere Bergmannsfreunde schimpften natürlich furchtbar auf die Ratten, was uns ebenfalls veranlasste, mit der unschuldigsten Miene mitzuschimpfen.

Außer Gewaltverbrechen ist ja den Gefangenen lauf Genfer Konvention fast alles erlaubt, auch der so genannte Mundraub. Wollten wir bei Kräften bleiben, so musste eben manchmal etwas „abgestaubt" werden.

So verging Woche für Woche. Dabei vergaßen wir nie, jede Möglichkeit für einen neuen Ausbruch zu suchen. Die alten „Flitzer" schlossen sich allmählich zu einzelnen Gruppen zusammen. Es entschied hierbei die Erfahrung und das gegenseitige kameradschaftliche Vertrauen. Ich aber war zu dem Entschluss gekommen, diesmal nur mit nur mehr einem Kameraden einen dritten Versuch zu wagen.

Kapitel 22 „Der dritte Flucht-versuch"

In Horst, einem Fallschirmjäger, fand ich meinen Partner. Bei ihm war es ebenfalls nicht der erste Versuch. Wir arbeiteten in derselben Schicht. Bald waren wir uns einig, dass wir während dem Auffahren mit der Kohle eine geringe Aussicht hatten und dass es daher klappen müsste. Hinter unserer Zeche dehnten sich weite Getreide-felder. Nach ungefähr anderthalb Kilo-metern erhob sich ein bewaldeter Berg-rücken. Diesen zu erreichen, war der erste und wohl schwierigste Teil unseres Unter-nehmens. Im Laufe von etwa drei Wochen hatten wir eine karge Marschverpflegung, meist geröstetes Brot, auf die Seite ge-bracht und nun stand fest, dass kein Tag länger gewartet werden sollte.

Morgens um Sechs fuhren wir wie üblich

mit ein. Unter unserer Arbeitskleidung hatten wir jedoch die Fluchtklamotten an. Zwei Kameraden am Förderturm waren eingeweiht. Jeder von uns setzte sich bei Beginn der Kohleförderung in einen „Hund". Mit einhundert „Sachen" ging es nach oben. Nach Öffnung der Schutzgitter schoben wir mit den anderen Kameraden die Loren zur Kippe und verließen mit klopfenden Herzen auf der anderen Seite die Anlage. Jeden Moment warteten wir auf ein Rufen. Wir meinten, es müsse uns doch jemand sehen, aber nichts geschah. Nach etwa fünfzehn Minuten hatten wir den schützenden Wald erreicht, wo wir uns sofort im dichten Unterholz verkrochen. Als erstes wurde eine „gekurbelt". Der Tabak aus den kleinen, viereckigen, blauen Päckchen war ein absoluter „Rachen- putzer", doch mit enormer Erleichterung sogen wir den Rauch tief durch unsere Lungen. Wir fanden einen kleinen Wald-

bach, in dem wir uns wuschen und dem
wir anschließend wie neugeboren wieder
entstiegen. Die Arbeitsklamotten ver-
gruben wir in der Erde. Bis zum Einbruch
der Dunkelheit blieben wir in dem weit-
läufigen Waldstück, durch das wir insgesamt gut fünf Kilometer ostwärts
marschierten. Noch bevor es dunkel
wurde, holten wir uns in einem Obstgarten
wunderbare Äpfel, die in unserer Verpflegung die Hauptnahrung bildeten.
Gegen Mitternacht kamen wir in die Nähe
eines Bahnhofes. Manchmal muss man
einfach, auch in derartigen Situationen, ein
ausgesprochenes Glück haben. Wir fanden
es in Form eines endlosen Kohlezuges, der
nach der festgestellten Himmelsrichtung in
Richtung Osten fahren musste. Wir kletterten heimlich hinauf und er rollte dann
tatsächlich auch in unsere Richtung. Hier
und da gab es kleine Aufenthalte. Wir hatten uns mit großen Kohlestücken getarnt,

um nicht aufzufallen. Wir kannten die Gegend nicht, aber nach rund vierundzwanzig Stunden stand der Zug dann in einem Bahnhof. An der Hallenwand lasen wir den Ort „Aachen". Wir konnten es kaum glauben und schlüpften schnell hinaus. Weiter hinten gab es eine Menschenansammlung. Zivilisten wollten wohl Kohlen von dem Zug klauen, doch es fand gerade eine nächtliche Kontrolle durch die Militärpolizei statt. Dabei entdeckte man auch uns und sagte uns auf den Kopf zu, wohin wir gehörten. Wenigstens hatten wir deutsche Luft geatmet. Dann wurden unsere Personalien aufgenommen. Wir wurden getrennt und wieder ins französische Kohlegebiet abgeschoben. Im neuen Lager, diesmal in Berlin, bekamen wir wie üblich, eine Glatze und dreißig Tage „Bau" bei Wasser und Brot. Nach vier Wochen erfolgte die Einteilung in eine neue Schicht. Es ging wieder unter Tage.

Ich hatte erst ein paar Tage abgebrummt, als wieder Nachschub in den „Bau" kam.

Ein Mann war darunter, mit dem ich mir geschworen hatte: Wenn wir draußen sind, wird es bald wieder „gepackt"! Es wurden Kompasse gebaut, Karten gezeichnet und neue Marschverpflegung gesammelt.

Wir konnten es so arrangieren, dass wir miteinander in eine Nachtschicht kamen.

Nach acht Tagen hatten wir einen Plan. Es musste unbedingt auf dem Anmarschweg zur Zeche passieren, und zwar in der Zeit, in der wir durch den großen Holzlagerplatz marschierten. Links neben dem Weg befand sich eine etwa vier Meter tiefe Böschung, die mit Sträuchern bewachsen war. Wir mussten also nur eine besonders dunkle Nacht abwarten. Wir weihten zusätzlich etliche Kameraden ein, denn diese mussten ja sofort nach unserem Verschwinden die entstandenen Lücken in der Reihe auffüllen. Der Plan war in allen Einzelheiten durchdacht. Ein Handtuch um den Hals, den Rasierapparat in der Hand und etwas Verpflegung in den Taschen war alles, was wir mitnahmen. Alles andere wäre unnötiger Ballast gewesen. So zogen wir am festgelegten Tag brav in der linken Reihe hintereinander nur knapp zwei Meter hinter dem Seitenposten der Zeche entgegen. Es war ein dunstiger Abend. Unsere Herzen schlugen bereits einen Takt schneller. Bald kam der vorgesehen Platz in Sicht! Die Kameraden, die in unserer Nähe umhergingen, unterhielten sich lebhaft und angeregt, jedoch unauffällig. Etwas Unordnung war bereits in den Reihen zu spüren, doch der Posten kümmerte sich nicht darum. Auch für ihn war es jeden Tag dasselbe. Der nächste Seitenposten ging etwa zwanzig Meter rückwärts. Mein Fluchtkamerad tippte mich auf den Rücken. Dies war das verabredete Zeichen. Ich ließ mich sofort wie ein Sack nach links zur Seite fallen und verschwand in einem Busch in der Böschung. Platt wie eine Flunder duckte ich mich in das Gras, bis die Kolonne über mir vorübermarschiert war. Dann glitt ich auf dem Bauch den Hang hinunter und setzte mich neben einen Holzstapel. Zwei kurze Pfiffe meines Kumpels ertönten, die ich ebenfalls mit einem Pfiff beantwortete. Sollten wir bis einundzwanzig Uhr nicht zusammen gefunden haben, würde jeder auf eigene Faust abhauen. Aber wir hatten uns bald gefunden und es ging in der vorher festgelegten Nord-West-Richtung weiter. Wir wollten nach Bethune-Lillers-Hazebrouck zur belgischen Grenze und dann durch Flandern weiter nach Osten. Die ersten zwei Nächte waren mit die gefährlichsten, denn dieses Gebiet war durch die Anhäufung von Industrie dicht besiedelt. Lillers hatten wir bereits in der zweiten Nacht erreicht und somit die Industriegegend größtenteils hinter uns gelassen. In diesen beiden Nächten hatten wir rund siebzig Kilometer zurückgelegt. Tagsüber schliefen wir in Waldungen, Getreidefeldern oder Heuschobern. An richtiges Schlafen war nicht zu denken, denn die Aufregung war zu groß. Bald machte sich auch der Hunger bemerkbar. Zum Glück war es trocken und nicht kalt. Die einzige Nahrung waren jetzt Kartoffeln, die wir ausgruben und noch grüne Äpfel. So eintönig auf der einen Seite das Essen war, so abwechslungsreich war auf der anderen Seite der Stuhlgang. Die Hauptsache aber war, dass wir den Magen füllen konnten. So kamen wir als nächstes nach Hazebrouck.

Ein Kamerad aus dem Lager, der vorher hier gearbeitet hatte und die Verhältnisse genau kannte, hatte uns beschrieben, an

welches Eisenbahngleis wir uns halten
mussten, um an die belgische Grenze in
Richtung Ypern zu finden. Wir kamen auch
tatsächlich auf belgisches Gebiet. Die
Raumleere im Magen hatte sich nun aber
erheblich verstärkt und so beschlossen
wir, einem der Bauernhöfe einen nächt-
lichen Besuch abzustatten. Ich bin bis
heute davon überzeugt, dass es geklappt
hätte, wäre dieser aufmerksame Hund
nicht gewesen, der uns vertrieb. Dabei
hatte ich ausgesprochenes Pech, denn ich
stand plötzlich in einer knöcheltiefen
Jauchepfütze. Aber es half nichts, wir
mussten weiter. Nach einigen Kilometern
jedoch konnte ich nicht mehr. Die Jauche
hatte mir die Füße verätzt. In einem Feld
mit Stangenbohnen schlüpften wir unter.
Im Laufe des Vormittags aber wurde
prompt das Zeug eingefahren und wir
wurden geschnappt. Von der belgischen
Polizei an die Grenze gebracht, saßen wir

bereits am Abend, mit einer frisch ge-
schnittenen Glatze in Dünkirchen wieder
im „Bau". Es war ein Bunker des Atlantik-
walles. Rund dreißig andere Kameraden
saßen bereits bei Dunkelheit auch dort. Es
stellte sich heraus, dass ein Kumpel, mit
dem ich schon früher einen Fluchtversuch
unternommen hatte, auch hier war. Diese
Männer hatten herausgefunden, dass es
eine Möglichkeit gab, von hier wieder ab-
zuhauen. Leider konnte ich nicht mit, denn
meine Füße waren noch nicht in Ordnung.
Für die anderen wäre ich nur eine Be-
lastung gewesen. Mein Leidensgefährte
war natürlich wieder dabei.

Am nächsten Morgen war bei der Zählung
der Teufel los. Es fehlten fünf Mann. Der
französische Sergeant, der uns einzeln ver-
hörte, sprach gut Deutsch. Er war selber
einige Jahre in deutscher Gefangenschaft
gewesen und wollte nicht glauben, dass

ich nichts wusste. Er war aber in Ordnung, denn er meinte am Schluss: „Ich hätte auch nichts gesagt!". Später habe ich erfahren, dass die fünf Flüchtigen nach drei Wochen gut in ihrer Heimat angekommen waren.

Kapitel 23 „In der französischen Glasfabrik"

Wir anderen kamen nach Ablauf der Strafe in ein Lager bei Cambrai und arbeiteten auf einem in der Nähe gelegenen Flugplatz. Nach circa fünf Wochen kamen wir nach Boussois in der Nähe von Maubeuge zum Arbeiten in eine Glasfabrik. Natürlich unter falschem Namen, denn als man uns das letzte Mal schnappte, gab ich an, ich hieße Georg Bittner. In diesem Lager waren rund einhundert Kameraden in zwei Baracken untergebracht. Man kann sagen, für Gefangenenverhältnisse war es hier einigermaßen erträglich. Ich arbeitete fast nur mit französischen und belgischen Arbeitern in der Schleiferei der optischen Abteilung. Hier wurden Linsen und Spiegel hergestellt, in anderen Abteilungen große Schaufensterscheiben oder Neonröhren. Das Verhältnis mit den Zivilisten war gut.

Bewacht wurde unser im Fabrikhof liegendes Lager durch ältere, teilweise invalide Zivilisten. Wir bereiteten ihnen keinen Ärger, denn jeder von uns wollte ja den Winter in geregelten Verhältnissen überstehen. So ging es in das Frühjahr und den Sommer 1947. Ein guter Kumpel, Franz B. aus Düsseldorf, der beim Hofkommando arbeitete, erzählte mir eines Tages, dass ihm ein Franzose bei der Flucht helfen würde. Wir waren mit seinem Angebot einverstanden. Diesmal wurde wirklich alles gut vorbereitet. Vor Allem war nach mehreren Änderungen in Schnitt und Farbe unsere Kleidung einschließlich Baskenmütze, recht ansehnlich. Nach außen sahen wir beinahe aus wie Einheimische. Alles, was zurechtgelegt war, wurde in den Doppelwänden der Baracke versteckt. Als Zeitpunkt einigten wir uns mit unserem Helfer auf die erste Dezemberhälfte. Wir hatten schon zweieinhalb

Jahre hinter Stacheldraht verbracht. Uns erschien diese Jahreszeit günstiger als der Sommer, denn wir nahmen an, dass in dieser Zeit nicht mehr so viele Kontrollen durchgeführt wurden.

In der Zwischenzeit waren viele Kameraden so genannte „Freiarbeiter" geworden. Sie konnten sich relativ ungehindert bewegen. Uns hatte man dazu leider nicht bevollmächtigt. Dies ließ den Entschluss für eine Flucht endgültig reifen. Im November wurde es empfindlich kalt. Einige Kameraden waren über unser Vorhaben informiert.

Kapitel 24 „Glückliche Flucht"

An einem Nachmittag gegen dreizehn Uhr
verständigte mich Franz auf meinem
Arbeitsplatz, dass es losginge. Treffpunkt
war sechzehn Uhr an der Bushaltestelle im
Ort mit unserem französischen Freund. Wir
gingen ins Lager. Waschen, umziehen,
Marschverpflegung und einen landes-
üblichen Umhängebeutel, dazu Waschzeug. So gingen wir zur Bushaltestelle. Wir
taten so, als würden wir unseren
französischen Freund nicht kennen. Wir
waren immer in einem gewissen Abstand
hinter ihm und lösten unsere Buskarten
auch selbst. Dies erregte kein Aufsehen,
denn die Leute nahmen an, wir seien freie
Arbeiter und konnten uns frei bewegen. Da
auch viele Belgier in Frankreich arbeiteten,
passierte im Grenzverkehr nichts. Drüben
löste uns der Franzose, wir hatten ihm
Geld und als Andenken eine Uhr gegeben,

die Fahrkarten von Charleroi nach Lüttich. Nachts kamen wir dort an. Es war sehr kalt und wir hatten Hunger. Zuerst wärmten wir uns auf der Bahnhofstoilette auf. Dies war jedoch keine befriedigende Lösung. Dennoch waren wir froh, endlich Glück gehabt zu haben.

In einer Nebenstrasse fanden wir eine Kneipe. Am Eingang stand die Aufschrift: „Chambres pour Voyageurs" (Zimmer für Reisende). Das waren wir in der Tat… Wir hatten uns folgendes ausgedacht: Wir würden sagen, dass wir Deutsche seien und hier Arbeit suchten, da es in Deutschland sehr schwierig wäre. Da wir aber keine Papiere hätten, müssten wir erst zurück und uns diese beschaffen. Also traten wir ein und haben uns an der Theke zwei Bier und zwei Cognac bestellt. Es lief alles glatt. Die junge Bedienung sah uns oft und lange an. Dann sagte sie, wir sollten an

einen bestimmten Tisch in der Ecke kommen und uns dort hinsetzen. Sie sprach
gut deutsch. Sie hatte uns wohl durch-
schaut. Schließlich gaben wir zu, ge-
flüchtete Kriegsgefangene aus der Mine in
Frankreich zu sein. Es ist heute, nach
dieser langen Zeit, nicht mehr vorstellbar,
aber es war so! In dieser Nacht bekamen
wir gutes Essen und ein warmes Bett. Am
nächsten Morgen gab es Frühstück und
jeder erhielt eine Fahrkarte zum
belgischen Grenzort vor Aachen. Ich
glaube, er hieß Herbesthal. Wir haben jedoch nie erfahren, was diese junge Frau zu
ihrem Handeln veranlasste...

In einem Tabakladen gaben wir unser
ganzes Geld für Tabak aus, wussten wir
doch, dass man mit Tabak in Deutschland
viel erreichen konnte. Die alte Dame dort
beschrieb uns einen Weg durch den Wald.
Wir hatten es geschafft und kamen nach

Aachen und von dort am nächsten Tag mit dem Zug nach Düsseldorf. Bei der Familie in der Lueg-Allee, in der wir unterkamen, gab es ein großes „Hallo!" Wir alle waren überglücklich!

Nach einigen Tagen fuhr ich über Frankfurt und Nürnberg nach Dietfurt. Zweieinhalb Jahre Leben hinter dem Stacheldraht war endlich zu Ende....
Am zweiundzwanzigsten November 1947 war ich wieder zu Hause. Nach sieben langen, sehr langen Jahren. Den sieben längsten Jahren meines Lebens!

Epilog:

Diese Aufzeichnungen machte ich Mitte der Fünfziger Jahre. Manches ist in Vergessenheit geraten, doch Freundschaften aus dieser schweren Zeit sind zum Teil bis heute bestehen geblieben.

Möge den folgenden Generationen in ganz Europa **Friede und Freiheit** erhalten bleiben!

Vielleicht finden sie das Gemeinsame, das wir suchten!

Weitere Bücher der Autoren:

K.H. Hartmann:

„Mörderischer Pfingstritt"

Martina Schmid:

„Feed me! Tödliche Gier"

„Herrschaftszeiten!"

Homepage:

www.martina-schmid.de

Facebook:

https://www.facebook.com/profile.php?id=708524825902801&ref=ts&fref=ts

Twitter:

https://twitter.com/schmidmartina1

6227664R00101

Printed in Germany
by Amazon Distribution
GmbH, Leipzig